ローカルメディアのつくりかた

人と地域をつなぐ編集・デザイン・流通

JN182316

著 影山裕樹

学芸出版社

Prologue

つながりを生み出すローカルメディア

東京で編集の仕事に携わっているなかで、最近、ローカルメディアがよく目につくようになった。実際手にとってみると、予想以上に面白いものが多く、メディアや編集の新しいフィールドが東京から地方へと広がりつつあるように感じた。

ローカルメディアとは文字どおり、フリーペーパー、雑誌、新聞、テレビ……など地域で発行されるさまざまな情報発信媒体のことを指すが、本書では主に、紙媒体のつくり手たちにフォーカスを当てている。インターネット全盛の時代に、なぜ紙モノばかりを取り上げるのか、という向きもあるかもしれない。

でも、ブログやさまざまな企業が運営するオウンド・メディアなどのウェブサービスの複雑な収益システムや、ソーシャル・ネットワーキング・サービス（SNS）を用いたコミュニティ支援の仕組みを考えるよりも、もっと万人に馴染み深い、手に取って読めるもののほうが、「地域の情報発信」の可能性をストレートに追求できるんじゃないか、と僕は思っている。

インターネット全盛の時代にこそ、地域活性化やシビックプライドの誘発にメディアを用いる場合、古くからある印刷物の仕組みを活用したほうが、より面白いことができる。すでに確立された印刷・流通の仕組みを最大限活用したり、あるいは読み替えて、自分なりのメッセージを効果的に内外に伝える。その方法として、紙メディアはいまだにさまざまな可能性を秘めていると思う。

少し前まで、個人の表現欲を満たす個人制作のジンやフリーペーパーのブームがあった。もちろん、それは今に始まったことではなくて、歴史を通してあらゆるところで個人出版や雑誌が現れては消えてきた。バンドが盛んな地域にはライブ告知を兼ねた冊子がたくさん生まれたし、学生運動の時代には立て看板がメディアのようなものだったかもしれないし、手づくりのマメ本がマニアックな個人書店で取り扱われていたこともあった。

でも、本書で語られる「ローカルメディア」は、そうした自己表現のツールとは少し違う。ジンやフリーペーパーは、自分の趣味が合う人たちとつながるためのメディアだが、本書が紹介するローカルメディアは、地域の人と人がつながるためのメディアという側面が強い。だからこそ、本書で取り上げているメディアは、その発行元のバリエーションが豊かだ。民間団体発行のものもあれば、地元企業がPRのためにつくっているもの、自治体が観光客誘致のためにつくっているものまでさまざまにある。

もちろん、強烈な個性が発揮された、抱腹絶倒の個人メディアは各地にあるし、地域で発行されるという意味ではそれもローカルメディアなのかもしれない。でも、ローカルメディアの本当の価値は、できあがったものそのものよりも、つくるプロセスがどれほど豊かであったか、ということに尽きると思う。

雑誌や本を読むという経験は、どちらかといえばつくり手→受け手という一方通行のものでしかない。でも、メディア（媒介物）の本質を考えると、それは完成されたものを受け取るという非対称な関係性ではなくて、つくり手と受け手の相互交渉、つくり手たちどうしの試行錯誤が発生する過程にこそ価値があると思う。それは、僕自身が行政や企業、出版社などさまざまな思惑が交錯するセクターと協働し、メディアや出版物の編集を行ってきた経験から実感していることでもある。

そのプロセスを豊かなものにするために、ローカルメディアのつくり手たちは、コンテンツ、デザイン、読者とのコミュニケーションなどさまざまな面で工夫をしている。ここでは取材したローカルメディアを「地元の魅力の発見」、「発行形態の実験」、「よそ者と地元の人との関わりかた」という三つの論点に分け、それぞれ「観察力×コミュニケーション力」「本・雑誌の新しいかたち×届けかた」「地域の人×よそ者」という章立てで紹介している。今後、地元で本や雑誌をつくって地域の情報発信や交流に関わりたい人々や、自治体の地域振興を考える担当者、地元企業の経営者や広報部の人々のヒントになれば幸いである。

二〇一六年五月　影山裕樹

ローカルメディアのつくりかた
人と地域をつなぐ編集・デザイン・流通

Part 2

Part 3

Part 1

観察力
×
コミュニケーション力

1　『みやぎシルバーネット』（宮城県仙台市）

――お年寄りが表現し、語り合う場所

熟年時代をサポートする情報紙

宮城県仙台市。この典型的な地方都市で二〇年間、毎月欠かさず発行されてきたシニア世代向けフリーペーパーがある。『みやぎシルバーネット』だ。

一〇〇万人規模の都市だから、高齢者の数も少なくない。「仙台」で「シニア向け」という〝ローカル〟で〝ニッチ〟なフリーペーパーが成立する理由もここにある。

人材もいる。地元での購読者数が圧倒的な「河北新報」本社を抱える仙台市には、東京ほどではないにしろ、新聞社やテレビ局をクライアントとする広告代理店もいくつか存在する。大手メディアがある地域には、その仕事を請け負う代理店や編集プロダクション、フリーランスのデザイナー、カメラマンなどク

『みやぎシルバーネット』。現在3万6000部を発行している

リエイティブ職に携わる人材が根づくものだ。

独立した編集者やライターが自ら新しい会社やメディアを立ち上げることもある。『みやぎシルバーネット』の発行人・千葉雅俊さんもその一人。代理店の制作部門で地元新聞の折込フリーペーパーの編集に五年間携わった後独立、一念発起して『みやぎシルバーネット』を創刊した。それから二〇年、毎月欠かさず『みやぎシルバーネット』を発行し続けている。

お年寄りこそ、情報を必要としている

「僕が広告代理店に就職したのは三〇歳のときでした。言わば〝遅咲き〟の編集者です。それまではこの場所（現在は二階が編集室となっている持ち家）にあった家族が経営する惣菜屋で弁当を売って暮らしていました。目の前に高校と大学があって、学生さんが毎日買いに来てくれるのでかなり売れましたよ。朝から晩までお弁当をつくっていました（笑）」

しかし、一九八七年に仙台市地下鉄が開通し、学校の裏手に駅ができたことで人の流れがガラっと変わり、客足が遠のいていった。危機感を持った千葉さんは、転職を決心する。名物からあげ弁当の繁盛店から編集者への転身だった。

「高校生の頃から、物書きに対する密かな憧れがあったんです。お弁当の〝朝のラッシュ〟と〝昼のラッシュ〟のあいだにちょっと時間があったので、パソコンで文章を書いてみたりしてね。家業を継いでいた

けれど、夢を諦めきれないでいた。あらゆる手を尽くしても、以前のような繁盛店には戻れないという結論が出たとき、これはむしろ家を出るチャンスだと思いました。求人情報誌を買ってきてペラペラめくってみたら、『タウン紙創刊スタッフ募集』の記事を見つけて即応募しました」

一人の枠に何人もの応募があったが、文章力が認められて突破。晴れて〝物書き〟の仕事に就いた千葉さんは、まったく経験のない職場で、いきなり名刺を渡され「取材をしてこい」と事務所を放り出される。戸惑いながらも毎日、ブティックの広告記事や、頑張っている地元の店のインタビュー記事など、それはもう雑多な文章を書き続けた。そしてこの経験が、後に独立し自分でメディアをつくるときにとても役に立った。

千葉さんが担当していたフリーペーパーは主に主婦向けの媒体だったが、取材・執筆するなかで、自分の関心が〝お年寄り〟にあることに気づきはじめた。

「たまに〝ミス○○町の△△さん〟というような方に取材に行くと、事務所に張りついて現場に来れないデザイナーは『羨ましいなぁ』と言うんですね。でも僕にとっては綺麗なお姉さんに会うよりも、白鳥に毎日餌をあげているおじいさんとか、切り絵をつくっているおばあさんのお話を聞くことのほうが面白かった。きっと、波長が合ったんでしょうね（笑）」

そのうち、自宅で営んでいた下宿屋が家族の手では回らなくなってくる。

「母に任せていたのですが、無理をさせたのか体調を崩してしまいました。そんなこともあって会社を退社。でも、ライターという仕事にやりがいを感じていたので、家業を手伝いながら何かしら書く仕事を続けたい、できればフリーペーパーを出したい、と思っていました。そこで周りを見渡してみると、若者向けの媒体はたくさんありましたが、高齢者向けの媒体がないことに気づいたんです。人生の先輩から学ぶことも多いだろうし、親の介護、自分の将来のためにもなるだろうと。何よりお年寄りとは波長が合う。営業面での可能性についても、知人に背中を押され、イチかバチかやってみることにしました」

山のように残ったフリーペーパー——お年寄りはどこにいる?

こうして千葉さんは一九九六年の秋に、モノクロ四ページのタブロイド版、発行部数一万部の『みやぎシルバーネット』創刊号を発行する。唯一の収入源である広告は、前職の知り合いの営業マンに手伝ってもらい、ほぼ目標をクリアすることができた。しかし、ここからが苦労の始まりだった。

「最初の一、二号はいいんですよ。近所の電気屋さんとか、皆さん付き合いで広告を出してくれますから。でもそれも段々となくなっていきました。お年寄り向けの媒体だから、そもそもお年寄りのいるところに届けないといけないのですが、これが難しい。各家庭にばらまいたってそこにお年寄りが住んでいるかどうかわかりませんから」

安定した広告収入を得るためにも、まずは読まれる媒体に育てなければならない。〝いかに効果的にお年寄りに届けるのか〟。これが最大の課題だった。

「最初は市民センターなどに車で配布しに行ったんです。お年寄りが来そうな場所を次々あたって、設置のお願いに回りました。すると、ある日次号を持って行ったら、前号が丸々残っているじゃないですか。せっかくつくったのに、これは本当に辛かった。これじゃ広告効果も期待できない。とにかく読まれないまま余り、回収した前号が車に山積み、といった状態がしばらく続いて、その理由はなんだろうと悩み続けました」

まず、高齢者にはフリーペーパーを見る習慣が若者ほどにはなかった。それに施設の担当者に「よろしくお願いします」と言って置いてきても、誰の目にも留まらないようなチラシのラックの奥に放り込まれていることもある。何とかしようと千葉さんお手製の専用ケースをつくって持っていっても、そのケースに裏表反対や逆さに入れられてしまうこともあった。

「せっかく読者の興味を引こうと思って巻頭に地元で有名な方のインタビュー記事とか財産トラブルみたいなセンセーショナルな特集を持ってきているのに、なかなか手に取ってもらえない。『千葉さん、編集長なのに配達までしちゃって』とよく読者の方から言われるんですが、どこに、どう置くか置かれるか、残っていた枚数までチェックしないとダメだと気づいたんです」

千葉さんはまず、配布する施設自体を見直した。市民センターや老人憩いの家など、不特定多数の市民がふらっと訪れる公共施設だけではなく、もっと、確実に手に取ってもらえる高齢者がいる場所はどこか。

「思いついたのが、老人クラブのネットワークです。当時、仙台市老人クラブ連合会には二万三〇〇〇人ほどの会員がいました。その会員にリーチさせたい。そこで、ある方から紹介いただいた老人クラブの重鎮に『こういう媒体を創刊したんです』と挨拶に行くと、トントン拍子で話が進み、理解の得られた単位老人クラブ（※三〇～五〇人程度の老人クラブの末端組織）に配布できるようになりました。老人クラブにとっても減少し始めた会員を増やすために、『みやぎシルバーネット』は絶好のPR媒体だったんです。僕も老人クラブの皆さんから貴重なネタをもらえる。お互いのメリットが合致したんですね」

確実に一万人に読まれている実感

仙台市内の各病院にも設置の依頼に回った。

「病院って高齢者が一番お世話になる場所。毎月いつも通り病院に通って、薬と一緒に『シルバーネット』を持って帰ってくる。家で紙面を広げてニヤリ、なんてことを当たり前の生活習慣にしていただけたらいいなと思いました。高齢者の皆さんが特に関心のある医療関係の記事も必然的に多くなるし、一石二鳥ですよ」

こうして大口の配布先を次々に獲得し、一方で余る率の高い施設に対しては設置の中止も決断していった結果、毎号ダブついていた返品が激減して、発行部数のほぼすべてが読者に渡るようになった。さらに、配布先で残っていた場合、再配布を行って、一部も無駄にしない流通を心がけた。

「飛び上がるほど嬉しかったのは当初の一万部が約三年後、一万一〇〇〇部になったときです。つまり、一万部のときはそのうち多くの部数が返品されていた。でも、一万一〇〇〇部になったということは、一万部は確実に読まれているということですから」

独自の配布ルートを確立した『みやぎシルバーネット』は二〇〇五年八月号からカラー版へアップデートし、同時に総ページ数を八ページに増やして、その後に全国紙の新聞の折込（仙台圏の一部）を獲得することもできた。気づけば三万六〇〇〇部。『シルバーネット』はこの部数を毎号、きちっと配布しきることができるうえ、高齢者施設や地域の回覧板で回し読みされることもあるので、実際の読者はもっと多くなるだろう。

次第に広告も自分で集めるようになり、デザイナーに頼んでいたレイアウトも一時の経営難をきっかけに自分ですることにし始めた。つまり、千葉さんは二〇年ものあいだ、この媒体をたった一人でつくり続けている。そして、ここで忘れてはならないのは、コンテンツのユニークさが『シルバーネット』が愛読される一番の理由だということである。

お葬式や相続のあれこれを取り扱った「終活特集」をはじめ、「空き家問題」「在宅医療の先進地 仙台」など、一面記事は毎号、読者にとって切実なテーマを扱っている。長年にわたる配布先のお年寄りとの密接な関係があるから、

『みやぎシルバーネット』の配布先

- 地下鉄（11 駅・13 か所のアドスタンドに設置）
- 老人クラブ（100 か所あまりの老人クラブに約 5000 部配布）
- 公共施設など（老人福祉センター、老人憩いの家、市民センター、老人ホームなど）
- 病院関係（大学病院、市立病院、他）
- 毎日新聞（仙台市、塩釜市、多賀城市の毎日新聞の約 9400 部に折込）
  ※毎日系の販売店のみ
- その他（スーパー、信用金庫、生協など）

（2015 年 11 月現在。『みやぎシルバーネット』媒体資料より）

お年寄りの〝今、知りたい〟情報の収集に困ることはない。
「たとえば〝空き家問題〟は、仙台市が昨年（二〇一四年）条例を施行して、行政も動き出しているくらい切迫しています。〝第三者に管理してもらうといくらかかるか〟など読者が知りたい情報を書くように心がけました。〝在宅医療〟の取材も面白かったです。現在、仙台では自宅で亡くなる方の割合が二四・九パーセント、政令指定都市では一番多く、四人に一人が自宅で亡くなっている計算です。昔は往診って一〇割負担でしたが、今は医療保険がきくんです。それを知らないお年寄りも多い。技術的なことや医療スタッフの連携も進んでいて、自宅で酸素ボンベがつけられる時代なんですよ」
広告を眺めるだけでも面白い。旅行会社やリサイクルショップ、葬儀屋、薬局、補聴器店などの地元企業が出稿する「セブ島でシニアライフを！」「遺品整理」など、読者である高齢者が今まさにどんな情報を求めているか、手に取るようにわかるからだ。

最新号が待ち遠しい！シルバー川柳

そして何と言っても『シルバーネット』の名物は、ずばり「シルバー川柳」である。

「紫陽花に　電動ベッド　上下する」　糸井綾子（76）
「人生は　見えない段差　多すぎる」　田林豊治郎（89）
「家族から　戦力外と　冷たい目」　高沢照夫（78）

「あの世から　病に勝って　Uターン」

及川英夫（65）

「畑仕事　時々立って　イナバウアー」

佐藤勉（76）

仙台が誇る金メダル・アスリート荒川静香の代名詞〝イナバウアー〟がさりげなく登場するのも、ローカル紙ならではといったところか。仙台には長年活動している川柳結社などもあって、市民のあいだに川柳の下地がもともとあったそうだが、千葉さんはこの〝お年寄りの川柳〟を創刊号から募集してきた。

毎号、違った課題が出され、川柳が募集される。たとえば、宮城県警とコラボレーションした「振り込め詐欺」特集の際の課題はもちろん「振り込め詐欺」だ。

名物・シルバー川柳には毎回多くの作品が集まってくる

「オレオレよ　自分の親に　かけなさい」　岡村美恵子（82）

「老人会『振り込め来たか』が　ご挨拶」　太田一義（78）

そのほかにも「孫」「年金」「艶・若さ」「継ぐ」「嫁姑」など日常の赤裸々感溢れるものから、震災後は「希望」「生きる」など、共感を誘うテーマが選ばれる。

「自身の投稿した川柳が次号に載っているのを見ると、皆さん喜んでくれます。ある投稿者が、通っていたデイサービスの婦長さんに頼んで、施設の壁に自分の詠んだ作品を拡大して貼ってくれと頼んだそうです。そうやって自然と読者がうちの媒体の広告塔になってくれる。それだけではなく、川柳は万能薬にもなります。脳梗塞を患っていらした熱心な投稿者から、『私は一二年前から歩行困難で家の中だけの生活ですが、川柳を始めて一年たってＭＲＩの検査をしたら病状が好転していました』というお手紙をもらいました。これは嬉しかったですね」

読者にとってシルバー川柳は毎月待ち遠しいものになっていく。〝川柳〟はお年寄りの表現欲を掻き立て、生きがいを生み出すことにつながるからだ。

「亡くなられた投稿者の主治医の先生がこう語っていました。『彼女は、意識が朦朧としているなかでも、紙とペンを離さなかった』と」

投稿者が、投稿した川柳の掲載される来月号を見るまで生きているかわからないという、シルバー向けのメディアならではの切ない問題もある。

「だから月刊紙なんです。季刊でも隔月でもダメ。投稿したことさえ忘れてしまいますしね。今では翌月末に発行された『シルバーネット』を読んで、翌月に川柳を投稿するというリズムが読者のなかに定着しています」

読者が表現し、語り合える場所

とはいえ、このキラーコンテンツ「シルバー川柳」は最初から同紙の〝不動の四番〟のポジションにいたわけではない。千葉さんは、紙面を毎号見直しながら、巧みな戦略で人気コンテンツに押し上げてきた。

一つは、できるだけ多くの投稿作を、載せられるだけ本紙に詰め込むこと。

「毎月二〇〇通くらいハガキが届くのですが、一人だいたい五句は書かれてこられます。単純計算

できるだけたくさんの作品を掲載する

で一〇〇〇句寄せられるわけです。これを厳選しすぎると、読者からしてみれば『自分の書いた川柳が全然選ばれない』と落ち込んでしまいますよね。僕は面白い句だけを取り上げるよりも、できるだけ多くの句が載せられ『あ、今回も載っている』と喜んでくれる読者の数を大事にしたい。それから、初めての方は必ず載せることにしています。そうすれば次も投稿しようと思えるでしょう」

確かに、投稿者は地元の方だから、そのうち名前まで覚えられる。「この人は久しぶりの投稿だから載せよう」というコントロールも可能になる。〝つくり手と読者のレスポンス〟が活発になる。こうして、二〇〇句ほどの入選句がぎっしりと並ぶ現在の「シルバー川柳」コーナーが定着した。

シルバー川柳は８冊の本になった（著者撮影）

それから、もう一つの重要な戦略は、〝オフ会〟ならぬ交流イベントを開催することである。

「ときどき、公共施設の一室を借りて〝川柳の集い〟を開くんですが、これは読者の人たちから、川柳を投稿している方に会ってみたいという要望がとても多かったからです。それから、有志の方が『シルバーネット』の読者の皆さんと交流したいということで〝読者の旅〟を企画してくださり、現在も年数回、一泊旅行を楽しんでいます」

一部の熱狂的な読者にとって、もはや川柳の優秀賞常連の詠み手は芸能人と変わらない存在なのかもしれない。

ささやかな恋が生まれることもある。

「六二歳の女性から『花冷えの 心寂しく 夜の雨』という作品が届きました。するとこれを見た男性が、『この女性と会いたい』という電話をくれたんです。残念ながらこの女性は『恥ずかしいわ』と断って、恋は実りませんでしたけれど（笑）」

こうして『シルバーネット』は宮城県のお年寄りの生活に欠かせないメディアに育っていった。同紙に数多く寄せられた珠玉の「シルバー川柳」は現在、八冊の単行本にまとめられ全国の書店に並んでいる。

シルバーネットができるまで

〈一か月のスケジュール〉

・一週目　特集ページの取材開始／広告枠のフィックス
・二週目　取材・執筆／読者からの手紙（アンケート、川柳など）の選定
・三週目　広告のデータ入稿／本文レイアウト↓印刷所入稿
・四週目　次号の企画の検討／発行↓配布開始

「無事入稿し終わって印刷しているあいだに次号の企画を考え、印刷が上がってきたら車に積み込んで、

三日間かけて仙台じゅう回って配布します。配布し終わったら、一日二日ゆっくりして、すぐに次号の編集作業が始まる。この繰り返しです。最近は配布先が増えたこともあって、メール便で郵送する比率を増やしています」

本来、雑誌づくりに必要な人材（ライター、デザイナー、広告営業）をすべて一人でまかなっている千葉さん（※ただし、広告の売上の約半分は広告代理店を通してのもの）。しかもそこに加えて配布まで自ら行っているのだから驚きだ。これを一か月というサイクルでこなすのは並大抵のことではない。しかし、一人だからこそ継続できる利点もある。

「自分の部屋を使い、パソコン一台とプリンターさえ置けばそのほかの経費はほとんどかかりません。だから、収入がない期間も耐えられる。稼げないときもありましたが、自分に給料が払えなくても謝る必要はないでしょう（笑）。一人でやるからこそ、逆境に強いという利点がありますね。結果的に何も恐れず自由でいられる。シンプルによいものをつくることに集中できる。もちろん、多くの方々のご支援やご理解あってのことですが……」

確かに、プロフェッショナルな人材がチームワークを発揮し、文章、デザイン、営業などさまざまな部門ごとに高いレベルのものを持ち寄ってメディアをつくることも大事だろう。しかし、各スタッフの給料を払いながら利益を出し続けようと考えれば、ともすると本来の目的を見失い金策に走る事態になりかねない。

この二〇年のあいだでＤＴＰ環境が非常に安価に揃えられるようになった。今は、広告収入のみで成立する月刊紙でさえ一人で回せる時代なのだ。苦労はしたが、メディアづくりのノウハウを、千葉さんはたった一人ですべて学びながら自分のものにすることができた。「一人で全部やる」という戦略は『みやぎシルバーネット』の制作スタイルにぴったりだった。

一枚一枚が分身のつもりで。〝配布〟と〝ばら撒き〟は違う

一方、せっかくこんな人気メディアに育てあげたのだから、仙台周辺に限らず、もっと他の地域に販路を広げてもよさそうなものだ。千葉さんはこう語る。

「地域密着型にこだわる理由は、これがたとえば全国紙だったら、まず仙台の人の投稿が載るのってごくわずかでしょう。そうすると『今回はどこどこの誰さんの句が載ってたねぇ』っていうご近所さんの会話は生まれませんよ。これだけたくさんの川柳を詰め込んでいると、載る確率はかなり高いですから。地元読者のあいだのコミュニケーションも生まれやすい」

とはいえ、高齢者をターゲットにしたメディアは少ないし、部数を増やして配布場所を拡大すれば、『シルバーネット』を全国に広げることもできるはずだが……。

「自分一人で配布先をコントロールしたい。一枚一枚が分身のつもりでやっています。すると、三万部強というのが、一人で配布できるギリギリの数です。これ以上増やすと届けるべきところに届けられず、

一方で返品が増えるという事態も起こりうる。結果として広告費とレスポンスのバランスが悪化して収益が減り、休刊に陥ってしまうことにもなりえます。新聞折込を始めて部数が一気に一万部ほど増えたとき、川柳の投稿も相当増えるだろうという期待と同時に（すべての投稿をさばききれるかなど）不安もあったのですが、ほとんど変わらなかった。地道に配布したものとばら撒いたものの価値は全然違うんです。代理店は発行部数でしか媒体を見ないけど、単純に部数を増やして潰れていったフリーペーパーは仙台にもたくさんあると思いますよ」

ローカルメディアが地域コミュニティに寄与できるもっとも重要な価値は、それがまるで回覧板のように、向こう三軒両隣の隣人とコミュニケーションを取るための文字通りの〝媒介物（メディア）〟になることだ。そして、この『みやぎシルバーネット』はコミュニティの〝媒介物〟という勘所をしっかり押さえている。どんなに忙しくても、定期的に出し続けることで読者とのコミュニケーションのリズムをつくる。そこには「全国紙に押し上げたい」なんて色気はない。そして、潔いまでの〝地元密着〟の姿勢が、さらなる読者の交流を加速し、地元企業の広告効果を高め、安定した収支バランスを維持することにつながる。

『シルバーネット』は紛れもなく、仙台が誇るローカルメディアなのだ。

文章を軽んじないで

最近は、『シルバーネット』の評判を聞きつけて、「うちでも出したい」という相談が増えてきたという。

「これまでに一〇件以上、『シルバーネット』のようなものを出したいので話を聞かせてほしいといった相談があり、対応させていただいています。東北のとある地域で、『シルバーネット』のようなものが立ち上がったのでアドバイスもしています。ただ、やっぱり仙台に比べて人口が少なく、広告集めは苦労しているようですね。それと、デザインはパッと見おしゃれなんですけど、どうも文章が練られていない。配布先の開拓も進んでいないし、まだまだこれから、という感じですね」

近年、全国各地で新しく立ち上げられたフリーペーパーやミニコミのつくり手の多くは二〇代〜四〇代と若者が目立つ。デザイナーが発行人になることも多いからか、どうしても内容よりもデザイン重視になりがちだ。

「あまり文章を軽んじないでほしいですよね。文字が載っていればいいってわけじゃない。僕だってそんなに立派な文章を書けているわけじゃないですけど、読者がどんなことに関心があるのか、今伝えるべきことは何かを考え、必要な取材をして、わかりやすく書くことが大事。今でも一面の記事を書くときは緊張しますよ。また、専門的なことはその道のプロに原稿を依頼するというのも手でしょうね」

読者の声をしっかり聞き取る姿勢も必要だ。『シルバーネット』では、川柳と同じく、読者アンケートも人気のコーナーになっている。

「川柳を投稿してくださる方に『一緒にアンケートに答えてください』というお願いをしています。紙面に書けないな〜と思うようなプライベートなことも書いてくれますよ。『会うことは難しいけどもう一度会いたい人』っていう質問をすると、男性はほとんど『初恋の人』って答える。女性はほとんどいないんだけど（笑）。男性と女性とでは、注目する記事に違いがあることもわかりました。男性が一番好きなのは『遺言相談コーナー』、女性の一番人気は『イベント情報欄』。アンケート結果はとても人気で、皮肉なことに僕の渾身の特集記事よりも、同世代の人が何を考えているのか、どんなことを楽しみにしているのか、ということのほうが気になるんでしょうね」

千葉さんの話を聞いていると、お年寄りは生きがいを求めているし、表現したいし、もっと互いに語り合いたいのだということに気づかされる。

「読者同士でカラオケの同好会が結成され、月二回活動されたりもしています。また、皆さん経験豊富なので、いろんなことを教えてくださいます。それにお年寄りって地元で力を持っている方も多いので、配布先やクライアントを紹介してくださったりと助けられることもたくさんあります」

必ずしも千葉さんと同じやり方でなくとも、お年寄りどうしがつながるための〝コミュニケーションツール〟になるローカルメディアが、各地に生まれるといい。全国に大勢いるはずの表現したい、語り合いたいお年寄りの生きがいになるだろうから。

2 『ヨレヨレ』（福岡県福岡市）

――現実を真剣に描くからこそ面白い

「よりあいの森」を訪れて

福岡の街なかから電車で一〇分ほど離れた閑静な住宅街を歩くと、「よりあいの森」という案内看板が突如現れる。この「よりあいの森」を訪ねてみると、中にある特別養護老人ホームでは近所の人やご家族がお年寄りと混じって談笑していた。どうも僕が思い描いていた普通の高齢者施設とは趣が異なっている。

毎週土曜日だけ開いているという隣の「よりあいの森カフェ」にはアンティークの家具や装飾品が並び、僕が訪れた日には楽団がコーラ

住宅街を抜けると現れる「よりあいの森」の看板

スを歌っていた。その様子を多くのお年寄りが施設のテラス越しに眺めている。昼下がりの木漏れ日はそこにいるすべての人に穏やかな笑顔をもたらしていた。

この施設とカフェを運営している「宅老所よりあい」は、福岡市内に複数の宅老所を開いている高齢者介護施設だ。もともとは元代表の下村恵美子さんが、マンションで頑固に一人暮らしを続けていた認知症のお年寄りに、「老人ホームに入りませんか?」と訪ねに行ったことから始まったという。下村さんはそのお年寄りに「わたしゃここで野垂れ死ぬ覚悟はできとる!」と拒否されながらも、「ものすごい『ばあさま』がおる」と感動し、ホームヘルパーとしてそのマンションへ通い始めた。しかし、閉ざされた「一対一」の空間では煮詰まるのが早く、結局はこのおばあさんを入れてくれる施設を探すことになった。しかし、なかなか見つからない。

「『ばあさん一人面倒みきらんで、なんが福祉か!』と少し頭にきた下村は『じゃあ自分で場を作ってやろうじゃないか』と決意する」(『ヨレヨレ』創刊号、六頁より)

そこで下村さんは、福岡市中央区地行《じぎょう》にある「伝照寺」を訪ねたところ、

「よりあいの森カフェ」

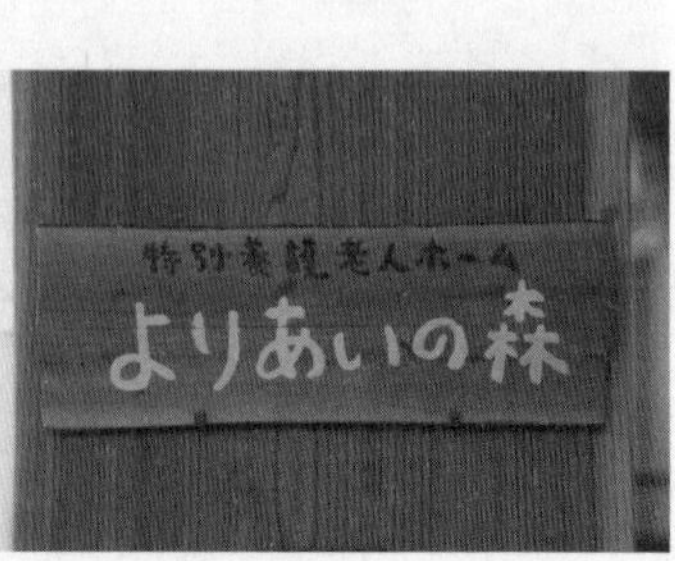

「よりあいの森」入り口

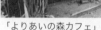

お茶室をお年寄りのために借りることができた。こうして生まれたお寺の「よりあい」には、噂を聞いて次から次へと行き場のないお年寄りが集まってきたという。そこで、新たに施設を建てる必要が生まれた。第一、第二と宅老所を増やして、現在は福岡市内に三か所の「よりあい」を運営するまでになる。今回訪れた特別養護老人ホーム「よりあいの森」は、この「第三宅老所よりあい」のほど近くにある。

介護業界の異端児から生まれた雑誌『ヨレヨレ』

「よりあいの森」がこんなにも居心地のよい場所である理由は、肌触りのよい家具や内装、自然溢れる景色だけではない。職員はみな私服を着ている。一見、入居者に会いに来ているご家族と区別がつかない。介護される人、する人という関係ではなく、対等に接することを重視している様子が伝わる。毎日三食、一階の厨房でつくった手づくりの料理が振る舞われ、入居者は日々、次はどんな料理が出てくるだろうと楽しみにしている。

また、隣のカフェのように誰でも入って来られる場所があると、周辺の住人が気軽に立ち寄れる。このカフェがクッションのような役割になって、地域の人たちと「よりあい」の関係を深めているように見えた。

実はこの「よりあいの森」の中に、『ヨレヨレ』という奇抜なタイトルの雑誌を発行する編集部が存在する。

『ヨレヨレ』は現在までに四号発行されている。A5判五〇〇円の手頃な体裁と価格。全国のセレクト書店などに卸しているので、目にしたことがある人もいるかもしれない。キャッチフレーズは「ぼける前に読んでおきたい『宅老所よりあい』のおもしろい雑誌」。この施設の開放感と不思議と響きあう、媚びない感じがよい。

まず、地元の小学生モンドくんが描いたという表紙のイラストが、すごい迫力で目に飛び込んでくる。創刊号はアニメーター宮崎駿氏の似顔絵、そこに「ヨレヨレ」の文字が弾むように描かれている。「楽しもう。もがきながらも。」というコピーには考えさせられるものがある。「よりあい」代表・村瀬孝生さんの連載エッセイ「うんこの水平線」や、詩人・谷川俊太郎さんとの爆笑対談「谷川さん、認知症です!」も、読まずにはいられなくなる見出しだ。

表紙と同様、内容もインパクト抜群。モンドくんのイラストと会話するように書き下ろされた谷川俊太郎さんの詩が贅沢に掲載され、「よりあい」に暮らすお年寄り同士の「宇宙対談」は飛び抜けていて痛快だ。

健治　私の所在はどこでしょうか。
キヌ　ぜんざいが欲しいとなぁ。
健治　いやぁ、私の「し・ょ・ざ・い」はどこですかぁー。
キヌ　あー、ぜんざいが欲しいとなぁ。
健治　いや、ぜんざいは関係ありませんよ。

“ぼける前に読んでおきたい「宅老所よりあい」のおもしろい雑誌”『ヨレヨレ』

（中略）

キヌ　早よ、死なないかん。今まで、悪行を重ねてきたから死ぬことができん。早よ、死んで地獄に行かなぁ。

健治　今が地獄ですよ。

（以下、続く）

（創刊号、「十二次元『対談』三好健治×下村キヌ（ともに第二宅老所よりあい「利用者」代表）」より）

こうして一読で読者を虜にする雑誌のつくり手は、編集者・鹿子《かのこ》裕文さん。たった一人で『ヨレヨレ』をつくっている。ありきたりの老人介護施設ではない「宅老所よりあい」に、ありきたりの介護専門誌ではない『ヨレヨレ』という雑誌がある……東京から福岡へ、そして「よりあいの森」で鹿子さんに会ってお話を伺うと、この雑誌がこの場所でこそ生まれる必然性が見えてきた。

企画・執筆・組版、すべて編集者１人でつくっている

ありきたりは、つまらない

鹿子さんは、もともとは東京の雑誌『宝島』に長らく在籍していた、叩き上げの編集者だ。当時の『宝島』はバンドブームもあって、バンド雑誌のような体裁になっていたが、ブームも終わって部数が激減し、レコード会社の広告出稿も減り、にっちもさっちもいかなくなっていた。苦肉の策として、編集部はついにヘアヌードを解禁することになったという。

「ヘアなんて出したら、警察からガサ入れされるんじゃないかとびくびくしていたんですが、これが当たりましてね。毛なんて今の週刊誌みたいにバンバン載ってる時代じゃなかったので、みんな珍しがって買っちゃったんですよ。僕は当時、グラビアページ以外もたくさんの企画もののページを担当していました。自分たちが面白いと思うことを何でもやれる、大変だけど面白い現場でしたね」

ところがあるとき、家庭の事情で実家のある福岡に戻ることになり、福岡の雑誌社に転職した。

「でも、それまで面白企画ばかり考えていた人間からすると、『主婦のこだわり』だとか『美味しいパン屋さん』みたいな記事をつくるのがつまらなく思えてきて、辞めちゃいました。それからはフリーランスとして細々とローカルな情報誌のお手伝いをしたりして暮らしていました」

他紙よりも面白い企画をと、東京の雑誌業界でしのぎを削っていた鹿子さんは、ありきたりの生活情報を伝える地方誌の仕事に、少し物足りなさを感じていたのかもしれない。

「ほら、あなた雑誌つくってたでしょ?」

そんなときに、鹿子さんは「宅老所よりあい」と出会うことになる。もともとは、地元の出版社の編集者に、「よりあい」っていう施設が面白いから、現在の代表の村瀬孝生さんの本をつくってくれ、と頼まれたことがきっかけだった。

「介護なんてまったく知らない分野だし、本って著者と親しくしないとつくれないじゃないですか。だからしょっちゅう『よりあい』の会合に顔を出していたんです。するとあるとき『会合の議事録を取ってくれない?』と頼まれました。断ると原稿書いてくれないし(笑)、仕方なくお手伝いするようになりまして」

その会合は、「よりあい」の職員や村瀬さん、下村さんたちが、運営方針などを話し合う場で、当初は場違いな思いもあったが、気づけば鹿子さんも「よりあい」のお手伝いをする世話人の一人になっていた。まったく経験したことのない仕事だったが、「よりあい」独特の運営方針に興味は尽きない。やりがいもあるし、村瀬さん、下村さんや他の世話人とも仲良くなってきた。

「そのうちに、この特養を建てるのにお金が必要だということになったんです。八〇〇坪もあるこの土地を買うだけで一億は下らないですよ。どうやって集めるんだろうと思っていたら、村瀬さんや下村さんが支援者を訪ね歩いてたった三か月で集めちゃった」

でも、土地を購入したら、今度は建物を建てなければいけない。半分は市の補助金でまかなうことができたけれど、残りの数千万のお金を新たに工面しなければならなかった。

「そこで、夏祭りに出て行ってテキ屋の真似ごとをしたり、バザーを開いて小銭を稼ぎました。手づくりのジャムをつくったりもしてね。そのジャムを村瀬さんの講演会に持って行って、売りまくるんですよ。でもジャムだけじゃ寂しいから(笑)、下村さんに『雑誌でもつくったらいいんじゃない？　ほら、あなた雑誌つくってたでしょ』って言われて」

遠慮のいらない関係

『ヨレヨレ』もまた、「よりあい」の運営資金を集めるための手段の一つとして始められたのだ。

「『よりあい』はこれまで、いろんな業界紙で取り上げられていました。でも、どれも真面目に書かれていて面白くない。『ユートピア』なんて綺麗ごとばかり並べられても、日々ここで起こるさまざまなドラマは見えてこない。下村さんに『あんただったら書けるでしょ？』って言われて。僕も世話人としてお年寄りやスタッフと接してきたから見えてくるものがあって、この『よりあい』の〝無形の財産〟を有効活用するなら、雑誌という形態がぴったりだと思ったんです」

肝心の編集部は、「よりあいの森」の中に設えることにした。鹿子さんは当時を振り返りこう書いている。

「僕は毎日毎日『よりあいの森』に通った。『よりあい』の雑誌を作るのだから、『よりあい』の空気をたっぷり吸い込みたかったのだ。(中略)僕は昼の部と夜の部にわけて『よりあいの森』に毎日毎晩通うことになった。そして最終的には一日一六時間『よりあいの森』で過ごす羽目になった」(創刊号、編集後記より)

しかし、雑誌を始めるというのはそう簡単なことではない。特に、宅老所の雑誌だからこそ、どうしても人の生き死にが関わってくる。面白おかしく、というのは大事だが、いいかげんなものはつくれない。

「僕は毎日毎晩、『よりあいの森』で悶絶した。頭にはおできがたくさんできた。右目は腫れ上がり、最終的にはまぶたの切開手術まですることになった。『ヨレヨレ』なんていう誌名をふざけてつけたバチがあたったのかもしれない。『ヨレヨレ』になったのは僕自身だった」(同)

こんな鹿子さんの一生懸命な様子を、側で見守ってきたのが下村さんと村瀬さんだった。鹿子さんなら、業界紙とは一線を画した雑誌をつくれるかもしれない。そんな予感があったのだろう。

「『よりあい』自体がもともと、介護業界の異端児みたいなところがあって。下村さんが始めた二〇年前は、『認知症の人はお断り』みたいなデイサービスもざらだった。このイラストと『ヨレヨレ』ってタイトルを二人に見せたら、ゲラゲラ笑ってくれました。既存の業界風土や制度に対するアンチの想いがあったんでしょうね。すでに『よりあい』との付き合いも三年になろうとしていました。下村さんも村瀬さんも、僕が遠慮しない人間だってわかっているから、こういう価値観が共有できるんです」

つまり、パンクな介護施設「よりあい」あってこその『ヨレヨレ』なのだ。だからこそ、タイトルだけではなく、表紙や内容を決める際にも、互いに意見の相違は起こらない。

日夜編集部に通い詰めながら、世話人としてお年寄りの側に立つ鹿子さんは、もはや紛れもない当事者として、「よりあい」に溶け込んでいる。いつの間にか、村瀬さんの本をつくる話もなくなっていた。

『ヨレヨレ』創刊号の紹介文：

こんにちは。『宅老所よりあい』のおもしろい雑誌『ヨレヨレ』です。
この雑誌は、『宅老所よりあい』のことを全面的に取り扱った雑誌です。
ですが、それはあまり気にしないでください。
別に何か問題を提起して連帯を呼びかけようとか、
お涙頂戴の話をしようとか、
そういうつもりはまったくありません（だって、そんなのつまらないでしょ）。
また、介護の専門誌でもありません。
この雑誌に出てくるのは、そういうことではなく、
よりあい職員が介護という仕事を通じて繰り広げているドタバタです。
それはどこか滑稽で、人間くさい話です。
そして全部本当に起きた話です。
全六四ページ。読み応え強烈の定価五〇〇円（送料別）。
でも、難しい話は一ページもありません。
ゲラゲラ笑える、ぐっとくる、目からうろこがボロボロ落ちる。
そんな話が満載です。

（「宅老所よりあい」ＨＰより）

奇をてらった特集や表紙に目が行きがちになるけれど、実際は「よりあい」のことを本当に理解して、その現場に寄り添っているからこそ生まれる雑誌なのだ。

面白いものをより面白く

「介護の専門誌や、介護の仕方を教えるノウハウ本はいっぱい出ていますが、みんな同じ人が読んでいると思うんです。高齢化問題に興味があったりする、ちょっと〝お堅い人〟が読者層。僕はもうちょっとそれを広げたかった。介護とは無縁なバンドマンに読ませても、『これパンクじゃん!』って思えるようなものがつくりたかったんですね」

鹿子さんはこう語るが、一見したインパクトのみならず、やっぱり実際にこの場所で日々起きているエピソードが面白い。世話人たちの日常が、真に迫った筆致で描かれている。

「これから書こうとする話は、いっぷう変わった『看取《みと》りの話』だ。『よりあい』の長い歴史の中でも、こんな『看取り』が行われたのは初めてのことだったし、おそらくもう二度と行われることはないだろう」(創刊号、一五頁)

という書き出しで始まる「合宿看取り 一〇日間の記録」は、ある一人のお年寄りの最期に寄り添い、五人の職員が寝食をともにした一〇日間を追った看板連載の一つである。この中では、人の生き死にに向き合う現場だからこそ、それを辛いこととするのではなく、最後まで温かく見守る職員たちの取り組みが丁寧に紡がれている。

『よりあい』の取り組みを箇条書きにして真面目に紹介する雑誌もありなのかもしれないですけれど、登場人物のキャラクターが滲んでくるようなエピソードを中心に紹介したかった。景色が見えてこないと読むほうも面白くないだろうと思って」

ここに書かれているのは、あえて言ってしまえば、地方の一介護施設の、本当にローカルな日常の話である。登場するのも、誰も知らない破天荒で魅力的なお年寄りたちと、介護スタッフたち。地域のお祭りに出て小銭を稼いだとか、お年寄りが言うことを聞かないだとか、そんな話が事件でありドラマなのだ。

「面白くないものを面白く書くのは無理があるでしょ。毎日の何気ない出来事がやっぱりちょっとどこか可笑しかったり、考えさせられる。それを編集の力でより面白く見せるのが僕らの仕事だと思っています。介護職の人が認知症のお年寄りに対して、どう人間的に対応するかに専門性を発揮するのと同じように、僕はここにある面白い素材をより面白く見せたい」

たった一人でつくることで生まれるドライブ感

しかも驚いたのは鹿子さんが、文章を書いたり、編集するだけではなく、冊子のデザインまで一人で行っているということだ。これこそ『ヨレヨレ』の面白さにつながっている重要な点なのかもしれない。

「デザインなんて大それたことじゃないですよ。書体もパソコンにもともと入っているものしか使ってない。凝ったデザインなんてしなくて、文芸誌のように三段組で流し込んでいるだけですから」

デザインにこだわらず、シンプルに文字を読ませることに専念することで、そのぶん文章に力が入る。『ヨレヨレ』の面白さは、しっかりと練られて最後まで一気に読めるような文章にこそある。

「普通、雑誌って〝先割り〟するでしょ？　最初にページ割があって、特集がどこに何ページあって、連載はここってあらかじめ決めてから、各ページの記事をつくっていく。でも『ヨレヨレ』は完全に〝後割り〟なんですよ。とにかく自分が面白いと思えることを書けるだけ書いて、それが四つか五つ集まってきたら、なんとなく方向性が見えてくる。そこで今度は自分でレイアウトしながらページ割を決めていくんです」

つまり鹿子さんは「書きながら構成を考えている」わけだ。定期刊行物でもないので、じっくりと自分の満足するクオリティになるまで、内容を詰めていくことができる。

「だから最後まで自分のつくってる雑誌がどんな雑誌になるかわからない（笑）。でもそこが楽しいんです。特に、最後の一週間はすごく面白い。特集ページが何ページになるかわからなくて、流し込んでみると三ページ余っちゃった。そこでビビっ！　て閃いてわけのわからない記事を入れちゃうこともできる。そうしていると、雑誌がドライブしてくるんです。ギリギリまで吟味しているから、毎号発行予定日がズレ込んでしまうんですけれど」

書店初登場一位

こうして『ヨレヨレ』は現在までに四号発行されてきたわけだが、もともとは村瀬さんの講演会などで手売りするためにつくった冊子だった。ところが、そんな「一地方都市の介護施設の雑誌」が今、全国で注目を集め始めている。

きっかけは、福岡市内にあるセレクト書店「ブックスキューブリック」に、取り扱いのお願いをしに行ったことだった。

「店長の大井実さんが、たまたま『よりあい』が主催した谷川さんと村瀬さんの対談イベントにいらしてくれて。僕も手売りだけじゃなくて、もうちょっと広く読んでもらいたいと思っていたから、その後、年末の挨拶も兼ねてブックスキューブリックさんに見本を持って訪ねたんです。谷川さんも載ってるしってことで、とりあえず一〇部置いてくれました。僕は一五〇部持って行ったんですけどね（笑）」

これが始まりだった。

「年が明けると『すぐに追加してくれ』って電話がかかってきました。大井さんはレジ横にあえてこの冊子を置いてくれていたから、みんな手に取ってくれるんですね。この書店はベストセラーランキングが二週間に一回くらい出るんですけど、初登場一位になっちゃった。これにはみんな大ウケです。『ヨレヨレ』なんてふざけたタイトルだからじゃないか、なんて話していたら、なんと一四週間一位。その後、二号、三号で二六週間一位を取っちゃった。結局、あそこだけで一〇〇〇冊は売れてますよ。おこがましいかもしれないけど、書店の名物雑誌になっちゃった」

こうなってくると、全国の目の肥えた書店員も黙ってはいない。京都の恵文社一乗寺店や東京のB&Bからも注文が入った。そのうちに今度は取次大手の日販やトーハンからも電話が入ってくるようになった。

「うちは小商いでやってるからお断りしますって四回言いました(笑)。やっぱりブックスキューブリックさんが火つけ役となって今があるので、恩義もあるし、志の高い路面店を応援したいじゃないですか」

鹿子さんは、営業らしい営業は一切していないという。しかも、すべて〝買い取り〟で卸しているらしい。今の書店業界の状況を考えても、この条件は破格である。

「売りたいと思ってくれているんでしょうね。返品がないから、卸したぶんだけ儲かる。これ雑誌ですけど、何度も重版しているんですよ。雑誌とは名ばかりでムックのようなものです。刷り増しは制作コストも基本的に印刷費だけだから、利益率もいい。やっぱりやるからには黒字で続けたいので、本当に助かっています」

町の商売としての雑誌づくり

三〇〇〇部で始まった創刊号も、版を重ね現在では五〇〇〇部を超えている。その後の続刊も軒並み版を重ねている。また、印刷は地元の印刷所にお願いしている。

「町の印刷所って感じです。電話したら『どうせ安くしてくれるって聞いたんやろ、わかっとるわかっとる、どういう雑誌にするん、いっぺん話においで』って、それはもう『男はつらいよ』のタコ社長みたいな気さくなおっちゃんで。介護施設の資金稼ぎでつくる雑誌なんですって言ったら、『そんなら無茶なことは言えんわな、悪いようにせんけん』って言ってくれて。ほとんど儲けもない感じでやってもらっています。その代わり毎号そこに頼むようにしていますけどね」

当たり前のことかもしれないが、地域で雑誌が生まれれば、地域の中小企業が少しだけ潤うことになる。こういうやりとりを聞くと、〝言葉〟や〝情報〟を売っているメディアも、八百屋や菓子屋と地続きの製造業や小売業、つまり〝町の商売〟だということがわかる。

「自分たちができること、世話人も含めて一緒につくれるもの、ということでうちには〝絹の会〟という布製品をつくるチームもあります。そこにたまたま編集者がいたというだけの話。ジャムをつくるような気持ちで、こじんまりとやっているので〝出版業〟なんて大げさなものじゃないんですよ」

老人が国家の命運を握っているかもしれない

今や一介護施設の雑誌という枠を超えて、多くの人に読まれている『ヨレヨレ』だが、この「お年寄りを扱った雑誌」の可能性を、鹿子さんはどのように考えているのだろうか。

「これから超高齢化社会になるでしょ。国民の半分以上が老人の世界がやってくる。お年寄りを無下にしたら、社会が回らない時代なんですよ。この場所には地域の人も入ってくるし、隣に座ってお年寄りと話したりもします。ここで生まれる人間関係の柱に老人がいる。言わば『うちで面倒見られないから』って連れてこられた人たちですよ。そういう人たちが人を集める媒体になるという面白さがここにはあると思う。まるで巫女か依代のような〝ボケたお年寄り〟中心に回る社会って可能性があると思いませんか？　子どもが多い時代だったら、子ども会みたいなものを中心に地域社会が回っていた。今は逆なんです。もしかしたら、老人が国家の命運を握っているかもしれないですよ。その可能性は村瀬さんもよく言ってます」

これからの時代、介護の問題は誰もが通る道だ。だからこそ、介護の現場で起きているさまざまな日常に光を当て、伝えていく『ヨレヨレ』のような媒体が重要なのだと思う。

「これだけ老人が増えると、施設をどれだけつく

編集者・鹿子裕文さん

っても間に合わない。自分たちが立ち上がるしかないよねって『よりあい』は生まれました。昔はボケている老人をコミュニティで受け止める度量があった。今やそれを自分らの便利さや快適さを理由に閉じ込めてしまう。別に啓蒙しようと思っていませんが、だからこそ老人のいるこの場所の日々がバカバカしく書かれていて、でもよく考えるとそうだよね、っていうことを伝えられたらいいなと思います」

どこの地域にも介護施設や社会福祉施設は多数存在している。それぞれに会報や冊子をつくって、地域住民に対する広報に取り組んでいることだろう。しかし、お年寄りや介護人の日常や正直なやりとりが晒され「ゲラゲラ」笑える冊子は他に聞いたことがない。

『ヨレヨレ』の魅力は何だろう。たとえば『ヨレヨレ』を読む経験というのは、コンビニの情報誌や、新聞のニュースを読むよりもずっと楽しい。記事を読めば、九州の「よりあい」に訪れたことがなくても、「お年寄り」「高齢者」と一括りにされがちな人たち一人一人の顔が、思い浮かぶような気がしてくる。だからこそ、『ヨレヨレ』は全国でファンを増やしているに違いない。誰にでも、何歳になっても、それぞれに個性的な身体を持ち、言葉がある。それを丁寧に見つめれば、毎日はスリリングな出来事の連続なのだ。

とりわけ業界紙や専門誌は閉じられたコミュニティにしか届かないという問題を抱えがちだが、介護という限定された分野にまつわる雑誌だからこそ、鹿子さんのような、目の前にいる人・ものを真剣に観察し、時には静かにコミュニケーションをとりながら、面白く、豊かなキャラクターに変える〝編集力〟が大切なのだと思う。

考察

時間をかけて見つめることでコミュニケーションが生まれる
――無明舎出版、『kalas』

一人で、地方で始めるローカルメディア

ローカルメディアは個人の想いで始められるし、さらに、そのすべての業務をたった一人で行ってしまうこともできる。『みやぎシルバーネット』や『ヨレヨレ』のように、つくり手が時間をかけてその場所に根づき、対象への細やかなまなざしとコミュニケーションの力によって読者を獲得していく事例として、ここでは秋田県にある出版社「無明舎出版」と三重県津市で発行されている雑誌『kalas』を紹介したい。

本来は「本」や「雑誌」など出版に関わる業務は複雑で、パソコンが発達する前は写植屋さんが不可欠だったし、流通させるために大手取次会社の口座をつくるにもハードルが高い。また、著者との打ち合わせにしろ、メディアで紹介してもらうにしろ、都市圏にあるほうが圧倒的に有利な仕事だった。

しかし、DTP環境が普及してレイアウトや組版が誰でも行えるようになり、インターネット通販的な印刷業者が現れて製作が安価にできるようになり、小さな取次会社が、東京の大手出版社以外の地方の出版社の本を全国の書店へ流通させるようになると、ハードルが一気に下がってきた。個人出版社や地方出版社もかつてないほど広がりを見せてきている。一人で、地方でもできる時代になったことが、ローカルメディアが流行している一つの要因と言えるだろう。

秋田で四〇年――地方出版の老舗、無明舎

とはいえ、ローカルメディア、あるいは地方出版ブームは今に始まったことではない。ローカル出版の老舗に秋田の「無明舎出版」がある。なぜ、人材も読者も集まる東京ではなく、あえて地方で出版業を営む人がいるのか。そして、地域で情報発信をすることで、どんな波及効果やメリットがあるのか。四〇年ものあいだ、秋田に根ざし出版社を営んできた舎主のあんばいこうさんなら、僕の素朴な疑問に答えを出してくれるのではないか、と思った。

「僕が出版社を始めた当初は、秋田にページ物をつくれる印刷所なんてなかったんですよ。隣の新潟まで行かないといけなかった。最初につくった本『中島のてっちゃ』は、初版は全部手製本ですよ。書き手を見つけるのも、地方では本当に難しいことです。だから僕が自分で書いたりしている」

この『中島のてっちゃ』は、無明舎の記念すべき最初の一冊であり、かつベストセラーにもなった本だ。

秋田市内で流しの尺八吹きだった「てっちゃ」は、秋田では当時、知らない人はいないほどの有名人だった。しかし、そんな情報は東京まで届かない。貴重な「てっちゃ」のキャラクターや、彼が練り歩いた秋田の繁華街のドラマは書き残されることなく、歴史の闇に葬られてしまうところだった。あんばいさんが出版社を立ち上げる動機としては十分だった。

また、無明舎が立ち上がった当時は、地方・小出版流通センターが東京で誕生し、元気のある各地の地方出版社の本が、東京の老舗出版社と同じ土俵（書店）で並ぶようになった時代と重なる。

「私は東京に行くよりも、地方の他の出版社の方々と交流することのほうが有意義に感じていました。彼らから学ぶことは多かったし、同じ境遇で起業してきた先輩たちの存在には、秋田で出版社を続けるうえで非常に勇気づけられました」

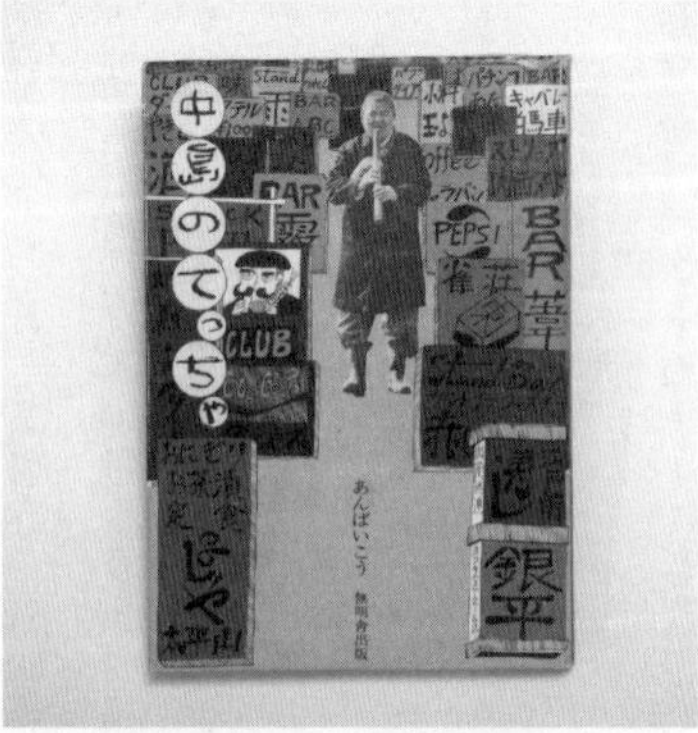

ベストセラーとなった『中島のてっちゃ』無明舎出版、1976

あんばいさんの著書『力いっぱい地方出版』晶文社、1993

土地の魅力を地道に耕す

あんばいさんは、地方ならではの出版の可能性について、こう語る。

「東京の出版ビジネスと違うのは、農家と同じなんですよ。著名な著者に書かせて、広告打って何万部も売り上げを見込んでから出す、なんてことはできない。もちろん、うちの本もいくつかは全国紙に取り上げられて、売れたものもあります。でも、今でも支えてくれるのは、全国に散らばっている弊社のファンです。『んだんだ通信』という定期配信の自舎メディアを通して彼らをつなぎとめながら、予想外の反響を期待せず、畑を耕すように、秋田という土地の魅力を地道に耕すこと。これが、僕が無明舎を続けてきて確信する地方出版のあり方です」

無明舎出版はこうして、その長い歴史を歩んできた。最近は、秋田名物の「ババヘラ・アイス」という、おばあちゃんが朝から晩まで路上でアイスを売っている光景を分析する本や、秋田県に戦後まであったとされる「若勢」という「人買い（人身売買）」の奇習を取り上げた本などを出版している。東京の出版社では絶対に企画を通せない本を生み出せるのもまた、地方出版の魅力だ。

とはいえ、やはり地方で出版業を営むのは簡単なことではない。

特に、あんばいさんのように地元のネットワークもなく、仕事のノウハウも持たない人間が、いきなり地方で仕事を始めるのは不可能に近い。

地方で稼げる編集力

雑誌やウェブマガジンなどでも同じである。メディアは、取材先、印刷業者、写真家、デザイナー、広告主など、取材ネタの他に複数のクリエイターや企業が近くに集積して成立するからである。だからこそ、メディアは都会につきもののビジネスだった。さらに、地方には〝読者の数〟も少ない。この問題を解消するために、ローカルメディア、地方出版の担い手たちは、地域の外にいる読者を囲い込む必要もあるだろう。しかし、確実に手に取ってもらえて、かつ深く読み込んでくれるのはやはり、地元の人々だ。よって、ローカルメディアは地場に縛られた一次産業と同じく、地域で手に取ってもらえる必然性を担保しなければならない。

先述のあんばいさんは自舎ツイッターアカウントで、地方で出版を続ける秘訣についてこうも呟いている。

「いずれ本のプラットフォームはアマゾンやアップルが取って代わる、と言われて久しいのだが、そことも違う『もう一つの道』もあるのではないか。（中略）極力少人数で、産直インフラを整備し、経済を担保する副業を持つ……。副業というのは本の売り上げだけに頼らない力というかタレントのこと。『稼げる編集力』といってもいい」

極力少人数というのは、可能な限り、実質〝一人〟でやるということである。ローカルメディアのつくり手たちは、地元出身者が大半であり、もともとある実家などの拠点を制作場所に改装し、無理のない範囲で事業を起こしている。『みやぎシルバーネット』『ヨレヨレ』がまさにそうだった。そして、この「産直インフラ」の整備は、『みやぎシルバーネット』が老人クラブを配布のパートナーに選び、宮城県という地域に絞って配布する戦略に見て取れるだろう。

ローカルメディアのつくり手たちは、編集やライティングという基本的な技能による「コンテンツ力」だけではなく、独自の流通や販売の仕組みを工夫し、初期費用や運営経費を限りなく抑えることによって、初めて事業を軌道に乗せることができていた。

さらに、ときには自社メディアだけに頼らず、官公庁や地元の人から依頼された仕事を請け負うことも必要だろう。長いあいだその土地に根を張ってメディアを発行し続ければ、「うちの村の村史をまとめてほしい」だとか、「遺言代わりに自分史をまとめたいので聞き書きしてほしい」などの話も来るかもしれない。「稼げる編集力」を手にするためには、地域の人々とのつながりが不可欠なのだ。

東京のメディアが担ってきた役割

一方、東京を中心とした出版産業はどうだろうか。出版不況は以前にも増して悪化しており、地方に限らず、東京でもメディアを新しく立ち上げるのは厳しい状況だ。しかし、それは果たして若者の活字離れや不景気だけが理由なのだろうか。

バブル経済が華やいでいた東京は、世界的に見てもユニークな文化都市だった。一九八〇年代になると、コピーライターが都市生活者の日常をブランド化し、あらゆる商品が東京へと集まっているかのような幻想が生まれた。そして、それらのブームを紹介するのは〝雑誌〟だった。九〇年代に入ってもその流れはとどまることなく、カルチャー誌、ファッション誌がどんどん生まれていった。

そして、これらの雑誌が地方の大型書店やコンビニに並び、東京に憧れる人々が手に取るという不均衡が助長された。中央のメディアに取り上げられる眩しい都市の風景に憧れた若者は、自らの住む土地の魅力に気づくことなく、都市への流入を加速させていったように思う。

東京中心のメディアは、情報の排除と選択によって成立していた。つまり、「〇〇よりも〇〇のほうがいい」という差異を強調することで、その情報が経済的に交換可能な〝価値〟として浮上し、人々の欲望を動員する。その情報が積もりに積もって「あなたが住む町より、東京のほうがいい」というメッセージを暗に育む。

地方から都市へ、価値と情報を届ける

一方で、地方を訪れて、コンビニの棚に並んでいる雑誌がほとんど変わらないことに愕然となることがある。その土地に訪れたなら、その土地でしか食べられない料理を楽しむのと同じように、その土地ならではのメディアを読んでみたいと思う。

どこの書店も図書館も、東京で見かけるようなベストセラー本ばかりが目立ち、地元を取り上げたもの

は影に潜んでいることが多い。しかし、その書棚にこそ、ローカルの可能性があるのではないだろうか。郷土資料を重点的に扱う図書館や、地元棚を大々的に展開する書店も増えてきている。そこでしか手に入らないメディアが地方に増えれば、世の中はもっと多様な意見や情報に溢れるものに変わるはずだし、地方と都会の情報の不均衡は是正されていくだろう。

東京への憧れという〝欲望〟の霞を食って生きてきた出版業界は、震災以降、地方移住や地方再発見のブームに後押しされ、新たなフロンティアとして地方をターゲットにするようになった。『Discover Japan』などの雑誌、『colocal』や『雛形』などのウェブメディアがここ数年で乱立している状況がそれを裏づけている。

ただし、地方文化の紹介を謳ったこれらのメディアにとってネックになるのは、全国すべての地域を編集部が取材して回ることはできない、ということだ。地元の情報は地元の人が一番よく知っているので、これらの媒体が取り上げるニュースはどうしても二次情報に頼らざるをえなくなっている。これほどまでに「ローカル」が重視されている時代に、あえて中央のメディアが展開する「ローカル情報誌」「ローカル」をテーマにしたウェブマガジン」をこの本では取り上げていない理由はここにある。個人で始めることができ、一次情報という地の利を持つローカルメディアが今、面白いのだ。自分だけが知っているとっておきのネタを持っているだけで、付加価値が生まれる。そこに派手なデザインや芸能人などのネームバリューはいらない。都市から地方へ届けるのではなく、今度は地方から都市へ、価値のある情報を届ける時代がやってきたのである。

三重県津市で一〇年続く個人誌『kalas』

地方での情報発信は、大量生産・大量消費の時代に定着した出版流通の仕組みによらず、自ら販路を開拓すること、そして、その土地に暮らす者として必然性のある情報を提供することで成り立つ。それは、さながら野菜を育てて出荷するように、産地直送的な方法でもやっていける。

三重県津市で『kalas』という雑誌を発行している西屋真司さんは、地元にある事務所で、一〇〇頁近い同誌を年三回、たった一人でつくっている。彼もデザインをはじめ、取材、執筆、発行、流通などの業務もほぼ一人でこなす。

もともと西屋さんは京都で新聞記者をしていたのだが、家庭の事情で実家の津市に戻ることになった。

三重県津市で発行されている『kalas』

だが、物書きの仕事を諦めることができず、いつか自分のメディアを立ち上げることを目標に、地元・三重県のタウン誌に就職。そこで二年間修行をして、ついに、『kalas』を立ち上げることになった。

「最初はフリーペーパーだったんです。地元の人に助けられて、朝日新聞の地元版に挟んで配布していました。当時は二万部くらい。新聞社に買い取ってもらっていたので収益も安定しており、ほとんど広告を取らなくてよかった。でも、新聞購読をしていない人にも届けたいとの思いが募り、有料化して書店に並べることにしました」

現在の『kalas』はA5判とちょっと小ぶりで、文庫を読むような感覚で読むことができる。特集テーマは毎回独特で、「誰かの明晰夢」「あたたかなドミノ」「失うを手に入れる」などの詩的なフレーズが並ぶ。毎号、このようなテーマに従って、西屋さんは

発行人の西屋さんが取材・執筆すべてをこなす

町のさまざまなお店や人に取材をし、数珠をつないでいくように一本の文章にまとめていく。もちろん、お店の基本情報は押さえているけれど、『kalas』の一番の売りは、この西屋さんの流れるような文章だ。内容は、地元の著名人で陶芸家の川喜田半泥子《かわきたはんでいし》を追ったものもあれば、個人的な想いを移住組の町の人にぶつけ、特に取材内容も決めず通いつめて、世間話を繰り返しながら文章が編まれたものもある。

「この伝えられた思いが次はどんな形で、どこの誰に向かっていくのかは分からないが、またどこかをぐるりとまわって、狭いまちのどこかにいる最初の人に戻っていくようなこともあるのかもしれない。」

（一五号、「あたたかなドミノ」より）

土地に根ざして文章を積み重ねていく

届けたい相手は明確に定められていないけれど、少なくともこの町の人に読んでもらいたいと願っているのは確かだ。そもそも物書きを目指すならもっと人がいる都会であってもいいはずなのに、なぜ西屋さんは地元でメディアを発行することにこだわるのだろう。

「書くことを人生にしたかったので、土地勘や人脈という土台がある地元を選びました。続けることを目的にして天秤にかけた結果、根なし草として物を書く都会よりも、土地に根ざして文章を積み重ねていける地方が自分には合っていると思えたのです」

現在、定価は六二〇円。全国の個人誌を取り扱う書店でも販売しているが、西屋さんが嬉しいのは、やはり地元の書店などで売れていることだ。

「お金を払って買ってもらうわけですから、自己満足ではいられない。でも、この町に住む人々の声をつないでいって、どこにゴールがあるわけでもないけれど、自分なりの風景を紡ぐことができてそれが読まれているならば、僕がこの町に住んでいることにも意味があるんじゃないかと思うんです」

西屋さんのような「住みながら書く」人が増えていくことで、それに触発され、地元の魅力を自分なりに見つめ直し、西屋さんへメッセージを返す人も増えていくだろう。

「これまで津市にはフリーペーパーや個人誌の類が根づきませんでした。もう一〇年近く続けてきたので、この本を読んで育った地元の若者が、将来この町に戻ってきて自分なりのメディアをつくってくれたら嬉しいですね」

自らがこの町に根づくプロセスを、古くからこの町に住む人だけではなく、移住組の若者などの話を交えて紡ぐ『kalas』というメディアは言わば、西屋さん自身がこの町で「これからも暮らしていく」ための〝パスポート〟なのかもしれない。

『kalas』というタイトルの由来は、空を舞うカラスから来ていると西屋さんは語る。この町を鳥瞰する西屋さんの視点は、ローカルに根づく商店主や友人・知人の証言をつなぎ、『kalas』ならではの地図を描き出していく。このような個人発行のメディアが増えることで、全国版のメディアや広告収入が前提のタウン誌では伝えることのできない、〝個人的な想い〟が地域に共有されていくだろう。

Part 2

本・雑誌の新しいかたち
×
届けかた

1 『東北食べる通信』（岩手県花巻市）

――生産者と消費者の関係を深める食べ物付き情報誌

生産現場が変わるには、消費者が変わらなければいけない

岩手県花巻市。高校野球強豪校の花巻東高校や、宮沢賢治記念館などを擁したのどかなこの町に現在、全国各地に兄弟誌を持つ『東北食べる通信』編集部がある。

『食べる通信』の特徴は、なんといっても「食材が雑誌についてくる」ということ。そして、会員制という定期購読システムを取っている点である。購読契約をした読者＝会員は毎号どんな食材が届くかわからない。何が届くかわからないけど、特定の地域から地元の食材が毎号届くのを楽しみにする仕掛けだ。

『東北食べる通信』を皮切りに、『四国食べる通信』『神奈川食べる通信』『山形食べる通信』『北海道食べる通信』『築地食べる通信』……と、全国各地に『食べる通信』が生まれている。それぞれ独自に運営され、

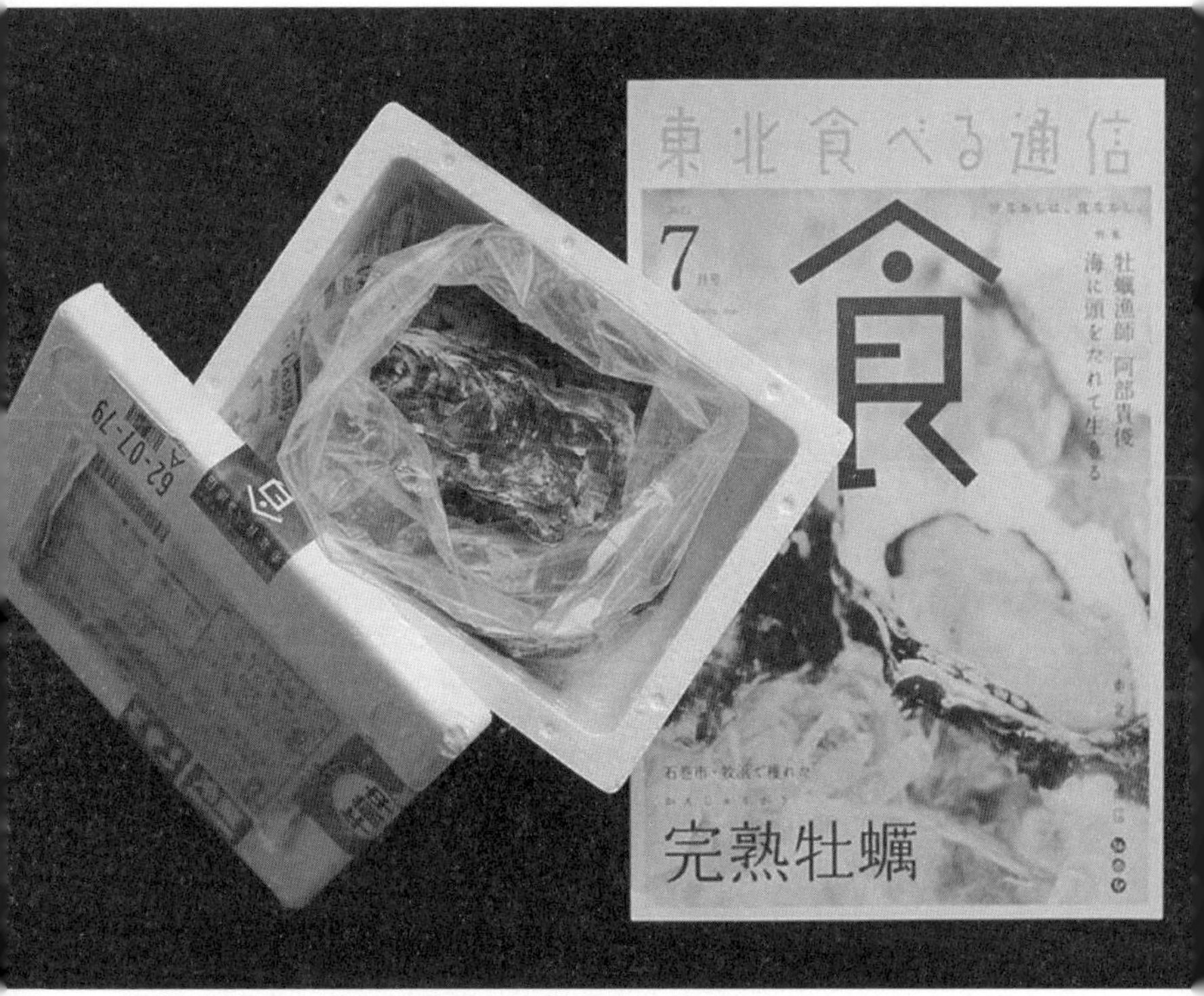

雑誌と食材が届く『食べる通信』(提供：NPO 法人 東北開墾)

読者＝会員を抱えているのも特徴だ。これら各地の『食べる通信』は「一般社団法人 日本食べる通信リーグ」の加盟者としてホームページ上でリンクされているのみならず、定期的に交流を図り、互いの経験を持ち寄って切磋琢磨競い合っているのだという。

この『食べる通信』を生み出したのが、『東北食べる通信』編集長の高橋博之さん。岩手県議会議員を二期務めた後、震災復興の現場に携わり、「世なおしは食なおし」をモットーに「NPO法人 東北開墾」を立ち上げ、東北と全国各地を駆け回る多忙な日々を送っている。

地産地消がブームとなり、一次産業の従事者にも若い世代が増えたが、実際の現場を議員として走りながら見聞きしてきた高橋さんにとっては、この状況を楽観視することはできない。特に東北の現状には危機意識を持っている。

「生産現場が変わるには、消費者が変わらなければいけない」と高橋さんは言う。農水産物の流通は、農協・漁協を含め小売・卸など物流を担う企業が消費者のニーズに応えることを再優先としており、生産者は消費者の都合に振り回されがちだ。たとえば、痛むのが早い水産

『東北食べる通信』の取材。漁に同行し、生産現場のリアルを伝える（2点とも提供：NPO法人 東北開墾）

物や、かたちの悪い農作物は流通に乗りづらいという状況がある。農家や漁師がいくら頑張っても、その食材を食べる都市部の消費者の意識を変えなければ生産現場の状況を変えることができない——高橋さんは「都市と地方をかき混ぜたい」と考えるようになった。

つくり手の顔が見える食材

高橋さんは岩手県出身で、東京の大学を出てから地元に戻り、県議を務めているときに震災を経験した。震災による東北の打撃は予想以上だったが、それ以前から、東北地方がおかれた社会的地位の低さを実感していた。

「東北は明治維新で会津藩に対する贔屓がありましたけど、それ以降は徹底的に干されてきた。よく、東京から新幹線で東北に来る人が『日本の原風景だ』って言うけれど、もともと稲作なんかやってなかったんですよ。戦争で植民地を失って、国民を食べさせるために寒冷地の東北に稲作を強要したんです。大都市の繁栄を支えてきたのが東北です。

一方でアテルイ（平安時代、現在の岩手県で蝦夷のリーダーとして朝廷と戦った）であるとか、まつろわぬ民《たみ》（朝廷に逆らう蝦夷の人々）や奥州藤原氏（平安末期、東北地方を支配した豪族）のように、中央に喧嘩を売った気概のある人々の暮らした地域でもあります。ところが震災と原発事故があって、東北の底力にとどめを刺されたところがあって、ここから、僕らはどう立ち上がっていくべきなのか、考えなければなりませんでした」

高橋さんは県議を務めた後、震災の復興支援に関わっていた。そこで現在、『東北食べる通信』のメンバーである阿部正幸さんをはじめ、複数の同志と知り合い、東北開墾というNPO法人を立ち上げた。

阿部さんは当時を振り返りこう語る。

「僕は別の復興団体の職員をしていたのですが、たまたま高橋と知り合って、東北開墾を立ち上げることになりました。僕たちは、『東北食べる通信』を始める前、アメリカ西海岸で盛んになっていたCSA(Community Supported Agriculture)を取り入れて、地方の農家と都会の消費者をつなぐ活動をしたい、と考えていました」

CSAの画期的なところは、農産物生産者と消費者をつなぐ「会員制」という仕組みである。自分が食べるものがどこから来て、誰がつくったかを気にする消費者が増えている。会員制をとることで生産者と消費者のコミュニティを組織し、持続的な生産—消費のサイクルを生み出すのが目的だ。

「ただ、どうしても東北と東京は距離の隔たりがあって、CSAの方法論をそのまま日本に適用するのは難しいと感じました。生産者と消費者の関係を近づける、日本ならではの方法はないか？　そこで考え出されたのが〝食べ物付き情報誌〟だったんです」

商品は生産者の物語、食べ物は付録

『食べる通信』のコンセプトについて、高橋さんは非常に熱く、またわかりやすく語ってくれた。

「世の中〝食べる〟ことには関心が高い。だけど、〝農〟には皆さん興味がないですよね。理由は簡単です。料理人の顔は見えるけれど、食材をつくっている人の顔が見えないからです。消費者はつくり手の顔を見る機会がないから、生産現場の危機的な状況をどうにかしようと思えない。これが問題だと考えました」

　東京を中心とした食の流通網は、生産者と消費者のつながりを見えなくしている。グルメな消費者は食材の生産地や無農薬に対する感性も高い。にもかかわらず、生産者の実情を見ようとまで考えない。こうした状況を変えるために、高橋さんが考えたのは「情報を売る」という戦略だった。

あくまで食材は“付録”（提供：NPO 法人 東北開墾）

「普通、食の宅配サービスって、食材と一緒に生産者の情報が書かれた紙切れが一枚入っていますよね。僕らはそれをひっくり返したんですよ。この紙切れのほうがメイン。食の生産に携わっている人の生き様が〝商品〟で、食べ物は付録っていう発想の転換をしたんです」

こうして発行したタブロイド版の食べ物付き情報誌『東北食べる通信』は石巻市の「完熟牡蠣」特集の創刊号以来、順調に会員数を伸ばし一四〇〇人を突破、二〇一四年にはグッドデザイン賞金賞を受賞。確かに、宅配サービスを情報サービスに転換した戦略は絶妙だし、メディアを一次産業の振興に役立てるという発想は面白い。しかし、『食べる通信』の本当の魅力は、こうしたアイデアにとどまらず、足繁く現場に通いしっかりと取材している点である。地域の

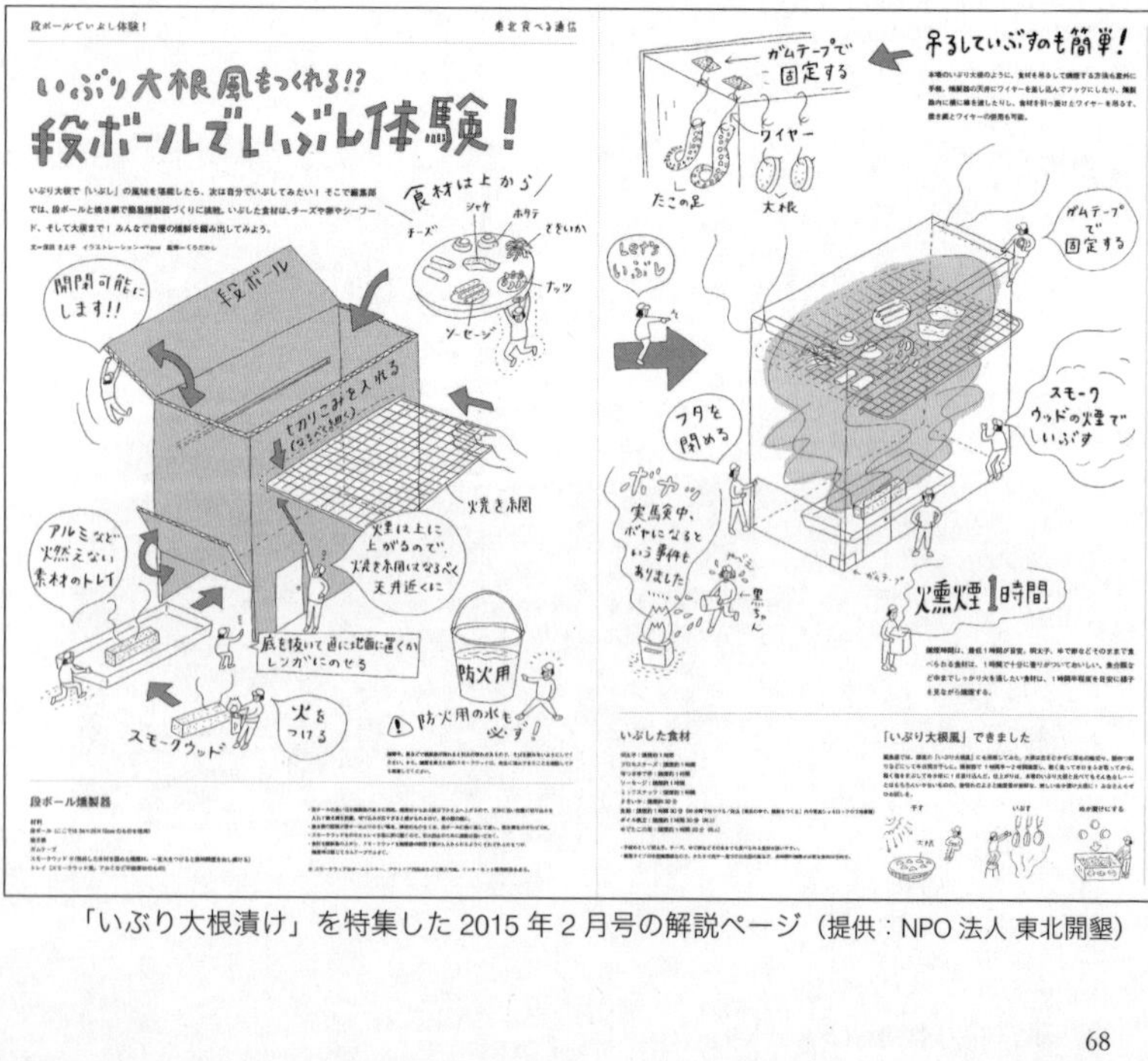

「いぶり大根漬け」を特集した2015年2月号の解説ページ（提供：NPO法人 東北開墾）

歴史を掘り起こし、生産現場の現状を伝えるテキストが毎回巻頭を飾る。「漁師と歌舞伎という伝統芸能は表裏一体」「会津藩、京都守護職の台所を支えた御種人参《おたね》」などの〝見出し〟も読者を惹きつける。

『東北食べる通信』では毎号必ず〝生産者のインタビュー〟、〝地元の人による食材のレシピ〟、そして〝食材や地域をより深く知るための食育ページ〟が掲載されている。食材を消費者の立場からだけ伝えるのではなく、生産現場のリアルを伝えるというコンセプトがしっかり押さえられているから、号を重ねてもこれら必須のコンテンツが〝ブレない〟のだろう。また、毎号表紙を飾る主役の食材は本当に美味しそうに撮影されている。食材の魅力を最大限引き出す見せ方を心得ているからだろう。

食べ終わってからが真骨頂

また、編集長である高橋さんやスタッフがそれぞれ自ら農家や漁師を取材し選定しているため、食材はどれも一級の品ばかりである。毎号一つの食材を取り上げるのだが、「短角牛《たんかくぎゅう》」「生若布《わかめ》」「天然蕨《わらび》」など、海のものから山のものまで、一般の食料品店では手に入らない、しかも新鮮な食材ばかりだ。

「一番わかりやすいのはワカメを特集したときですね。大人の背丈よりも高い二メートルくらいのサイズのワカメを丸ごと一本発泡スチロールに入れて、冊子をつけて送りました。届いた人はびっくりですよ。切り刻まれてパックに入れられているワカメしか見たことがないから」(高橋さん)

しかし、先述したように『食べる通信』が他の通信販売と決定的に異なるのは、食材の質の高さだけではなく、食べる〝経験〟を広く共有できる仕組みをつくった点である。

「普通、食材が送られてきたら、生産者の人柄や世界観、バックボーンを知らずに料理しますよね。ですから調理が終わって、食べてしまえばサービスの体験は終わり、それ以上の価値は生まれません。しかし、『食べる通信』の真骨頂は、食べ終わってから価値が広がっていくところ。『食べる通信』ではフェイスブックで読者と生産者が参加する専用ページを運用しています。すると、読者が直接生産者に『美味しかったです』と感想を伝えることができるんです」(同)

また、多くの『食べる通信』では生産者からの手紙も添えられている。

「これが意外に効果あるんですよ。やっぱり、『一生懸命獲りましたから、美味しく食べてください』と書かれた言葉を読むと、大切に食べようと思えるじゃないですか。通常の流通に乗らない未加工食品をありのまま届けているので、魚のさばき方や保存方法など、生産者に取材して丁寧に伝えることが欠かせないんです」(阿部さん)

こうして生産者のメッセージを受け取った読者が、フェイスブックのグループページになんの気なしに、『食べる通信』で特集した食材を使ったバーベキューの様子をアップし、「ごちそうさまでした」とコメントを書く。すると「私はこう料理しました」「こういう食べ方もありますよ」など、そこで同じ食材をテーマとした会話がゆるやかに始まる。普通、生産者が消費者の感想を直接聞く機会はあまりない。紙面を超えたフェイスブックによるコミュニケーションは、もっと美味しいものをつくろう、頑張ろうというつくり手の意欲を向上させることにもつながるのだ。

このようにSNSを活用する『食べる通信』は、実は消費者も生産者も、互いにコミュニケーションに飢えていることを浮き彫りにする。

「地域のなかで消費されている時代は、こうしたコミュニケーションは当たり前にあったんです。今は、食べる人とつくる人の関係が分断されてしまっています。皆さん、孤独なんですよ。片や海や山で一人もくもくと食材をつくっている人がいて、片や東京の消費者も、こんな美味しいものをつくっている人はどんな人だろうって知りたがっている」（高橋さん）

おかわりができる雑誌

『食べる通信』が画期的なのはこれだけではない。数々の魅力的な仕組みを取り入れている。阿部さんはこう説明する。

「『食べる通信』の仕組みの一つに、『おかわり』というものがあります。『食べる通信』は基本的に、毎号異なる食材、生産者さんを扱っていますが、読者が美味しかったと思ったら、追加注文ができるんです。さらに、生産物の配送だけでなく、生産者との交流イベント『おかわりＬＩＶＥ』や、生産現場体験イベントを開催し、生産者との直接交流や体験の場をつくるようにしています」

『食べる通信』ではこのように、オンライン上でつながった読者と生産者が、リアルに出会う場を数多く提供しているのである。すると何が起こるか。生産者のストーリーを知り、遠く離れた人と一度出会ってしまうと、もはやつくり手を他人だとは思えなくなってくる。そんな読者と生産者の強い結びつきを示すエピソードがある。

「今まで都会の消費者って、台風が来ると交通情報しか見なかった。でも、『食べる通信』の読者は三陸の波の高さを調べるんです。東松島の漁師の筏《いかだ》、大丈夫かなぁとか。本気で心配して、メッセージを送る。『東松島食べる通信』の創刊号は〝イワシ〟だったのですが、途中でイワシが獲れなくなって、配送が遅れてしまったことがありました。すでにお金を払っているから、普通の読者ならクレームを入れますよね。顔が見えないから怒れる。でも、『東松島』の読者には漁師の顔が見えてしまっている。海が時化《しけ》ると命がけになることを知っているから、怒らない。それどころか、神社に走って無事に漁ができることを祈る人まで現れました」（高橋さん）

『東北食べる通信』で〝どんこ〟という魚を特集した際も、例年にない不漁で、予定より商品発送が大幅に遅れてしまった。毎年九月には水揚げされるものが、一〇月になっても水揚げされない。編集部にも、生産者にも焦りが広がっていった。

「漁師の方は、読者の皆さんに謝りますって言うんです。でも僕は、謝るのはおかしいと思った。自然が相手だからどうしようもない。だから謝らないでほしいと伝えました。ところが、一一月になっても水揚げされないので、さすがに耐えかねてこの漁師さん、フェイスブックのグループページで謝ったんですよ。するとね、たくさんクレームが来るかと思いきや、ゼロですよ。それどころか逆に激励のメッセージが八〇通届いたんです」（同）

消費者を観客席からグラウンドに降ろしたい

単に美味しい食材を注文するという感覚だったら、こうした現象は決して起こらないだろう。読者が買っているのは食材そのものではなく、食材にまつわる〝ストーリー〟なので、こうしたトラブルも〝プライスレスなおまけ〟として楽しむことができるのだ。

高橋さん率いる『東北食べる通信』で会津の伝統野菜〝小菊南瓜《こぎくかぼちゃ》〟を取り上げた際には、こんな出来事が起きた。

「小菊南瓜はＮＨＫの大河ドラマ『八重の桜』の八重さんが、最後、籠城食として食べていたと言われています。ポルトガルから伝来して、実に四〇〇年間種が受け継がれてきたといいます。しかし、僕がこの話を聞きつけて取材に行ったときは、つくっているのは実にたった二人。作付けを増やそうにも、種が足らず増やすこともままならない。この号を出した後、共感した読者の方が、『こんな貴重な南瓜をなくしちゃダメだ』と言って、食べ終わった南瓜の種を洗って乾燥させ封筒に入れ、別の読者に手紙を添えて送った。これが始まりでした。次第に集まった有志の読者たちが、選別した種を生産者に届けてくれたんです。結果、二〇一五年度は作付け面積を三倍に増やしたと聞きます。見事に息を吹き返したんです。

僕は、消費者を観客席からグラウンドに降ろしたかった。自分も〝当事者〟になってほしかったんです。『食べる通信』の読者は、ただの〝食べる人〟ではなく生産者のファンであり、営業マンなんです。お歳暮の時期になれば、会社の同僚や上司に、生産者の代わりに『こんな南瓜があるんです』と説明できるんです」（高橋さん）

メディアをつくる＝情報を届ける。これは『食べる通信』も変わらないけれど、「一次産業の現実を変えるためにどうすればいいか」を真剣に考えたうえで、メディアの効力を最大限活用する、という出発点が独特だ。『食べる通信』が「情報を誌面だけで伝える」紙メディアの限界を易々と超えているのは、メディアを「目的」ではなく「手段」として考えているから。食材そのものも、SNSも雑誌誌面も、「リアルなつながりを生み、現実を変える」ためにその都度最適な手段を選んでいるだけなのだ。

「発送業者としても、メディアの人間としても、素人だからこそ思い切ってできるところはありますね。メディアでもあり、通信販売でもあるのが〝食べ物付き情報誌〟の利点です。普通の通販で加工品を届けても、チンして終わりじゃないですか。それだと〝食の体験〟の時間がすごく短い。僕らは、その食材を使って、手間はかかるけど普通の通販では味わえない、深い〝食の体験〟を届けたいんです」（阿部さん）

食材にまつわるストーリーが生産者と読者をつなぐきっかけになる

ウニを特集するならば、もちろん棘のある状態で、内臓も残ったまま送る。この状態だと食べるのに戸惑う人もいるけれど、だったら誌面で殻の取り方、内臓の取り方をしっかり解説すればいい。生きたままのホタテを送るなら、むきベラも一緒に入れて、〝生きたまま殺す〟手間も味わわせる。

「普通、養殖棚で育つ牡蠣の殻には、ムール貝の仲間やホヤ・海藻の類など色々な生物が付着しているので、船上で大量の付着物を捨てているんです。でも、本当はムール貝なんかは食べられるんですよ。訓練を積んだおばちゃんとかは、殻を一個三秒とかで剥ける。こういった手間や、捨ててしまうものもストーリーとして伝えていくことで、商品の価値として生きてくるんです」(同)

物流であり、メディアであり、ソーシャルビジネスでもある

こうしたことは、編集部自らが実際に船に乗り、作業を手伝っているから気づいたことだ。

「美味しいっていうことだけではなく、美味しく食べるにはどんな手間が必要かまでを〝届ける〟。僕らはメディアをつくる人間ですけれど、それ以上に、日々、どうしてこの食材が生まれているのかを伝えたい」(阿部さん)

これがテレビショッピングでお馴染みの通販業者だとしたら、採算の取れない手間のかかる発送作業は簡略化されるだろう。しかし、『食べる通信』はそれをやらない。

「事務局の立場では、〝雑誌をつくっている〟というより、〝発送している〟という意識のほうが強いです

ね（笑）。それくらい、発送作業のウェイトが大きい。でも、そもそも、通常の流通の規格に乗らないものを取り上げてこその〝食なおし〟なんです。現場の裏側の価値を届けることに重きを置いているので、採算性や流通とは別の軸で事業を考えています」（同）

短期的な採算性だけで事業を考えない。だから創刊当初の購読料は送料・税込一九八〇円（現在は二五八〇円）とした。読者が「月刊誌」という感覚で購入できるギリギリの値段設定を狙った。

「物流のコストから考えると、この値段には収まりません（笑）。でも、食材の配達業ではなく、メディアをつくったわけですから、読者目線でサービスの定価を決めるのは当然のこと」（同）

毎号特集する食材が変わるのが『食べる通信』なわけだが、特に『東北食べる通信』は東北全体に行

『食べる通信』の発送作業は毎回食材に合わせて手順が変わる（提供：NPO 法人 東北開墾）

動範囲が渡るから大変だ。場所も違えば生産者も異なる、取り扱ったことのない食材を、毎回取り上げることになる。山のものを特集し、農家の手伝いもしながら全読者へ発送しきったと思ったら、すぐに次号の発送が開始。海のものの特集なら、漁師の船に乗って水揚げを手伝い、岸壁からクール便で発送をする。同じ〝食材の発送〟でもまるで勝手が違う。特集先が決まるたびに、編集部は花巻から北は下北半島、南は福島県いわき市まで、車を何時間もかけて走らせ通い、時に生産現場に寝泊まりして発送作業をする。次号は期日通り出せるのか……そんなヒリヒリした会話が日々繰り広げられていることが容易に想像できる。

「発送形態が毎回変わるのが辛いと言えば辛い。ただ、不測の事態にどう対応したらいいか、などのノウハウは共有できつつあります。僕らは evernote を活用していて、保冷剤や配送業者の選び方など、ノウハウを逐次ログに落とし込んでいます。これは膨大な情報量になるのでマニュアル化したら大変。最悪のリスクだけ知っていればいいんです。後は徒弟制度のように、現場で学んでいくしかない」（同）

阿部さんが繰り返し口にするのが、ＫＰＩ（目標達成度合いの評価）が難しい、ということだ。人が関わるほどビジョンも広がるが、その分これだけ多様な目的を持った活動を、どんな成果に落とし込めばよいのか毎回悩むのだそうだ。単に利益が出ればいいわけではない。たとえ赤字の号があっても、その号がきっかけで生まれるドラマがあるかもしれないからだ。

「利益や売上を重視するのであれば、ここまで手間暇をかけません。取材も発送も時間を減らします。

でも、損益分岐点を睨みながらつくってもいいものなんか生まれませんよね。『食べる通信』は物流でもあり、メディアでもあり、ソーシャル・ビジネスでもあるんです。お金の考え方一つとっても、多様な捉えかたができてしまう」（同）

一次産業の現場は多様で、メディアを「仕組み化」することが難しい。それゆえに、可能性は広がっている。

「各地域で呑みながら議論をしていると、次々とアイデアが生まれてきます。かたちにならないことが多いですが、『食べる通信』だけではない、新しい仕組みやサービスに落とし込むことができないか、日々模索しています」（同）

利用して、真似してほしいプラットフォーム――日本食べる通信リーグ

こうした葛藤を続けながらも、さまざまな工夫を凝らして毎号新しい食材・生産者を特集してきた『東北食べる通信』だが、高橋さんは「会員はこれ以上増やさない」とあるときに決めた。具体的には、『東北食べる通信』は読者の数を一五〇〇人で上限にしている。読者が多いほど、〝食なおし〟の理念は広まりそうなものだが、高橋さんはこう答える。

「儲けるためには規模を増やさないといけません。でも、僕らは食べる人とつくる人の関係を深めたい。それが第一の目的なんです。一万人を超えるサービスになると、読者と生産者はお友達になれません。編

集長や生産者は雲の上の存在になってしまうし、大量に売って儲ける、普通の通販カタログと同じものになってしまうじゃないですか」

しかし〝一次産業〟を変えるという理念をより多くの人に伝えたい。この想いはもちろんある。だからこそ高橋さんは、単一の『食べる通信』の読者を増やすのではなく、別のやりかたでコミュニティを広げたいと考えた。それは『食べる通信』自体を〝横〟に増やすことだ。

『東北食べる通信』を創刊してしばらくすると、別の地域で創刊したいと手を挙げてくれるところが出てきました。そこで『日本食べる通信リーグ』というJリーグのようなモデルをつくって、始めたい人がどんどん入ってこれる仕組みをつくった。『東北食べる通信』は一五〇〇人にしか届かないけれど、発刊団体が全国に五〇、一〇〇と広

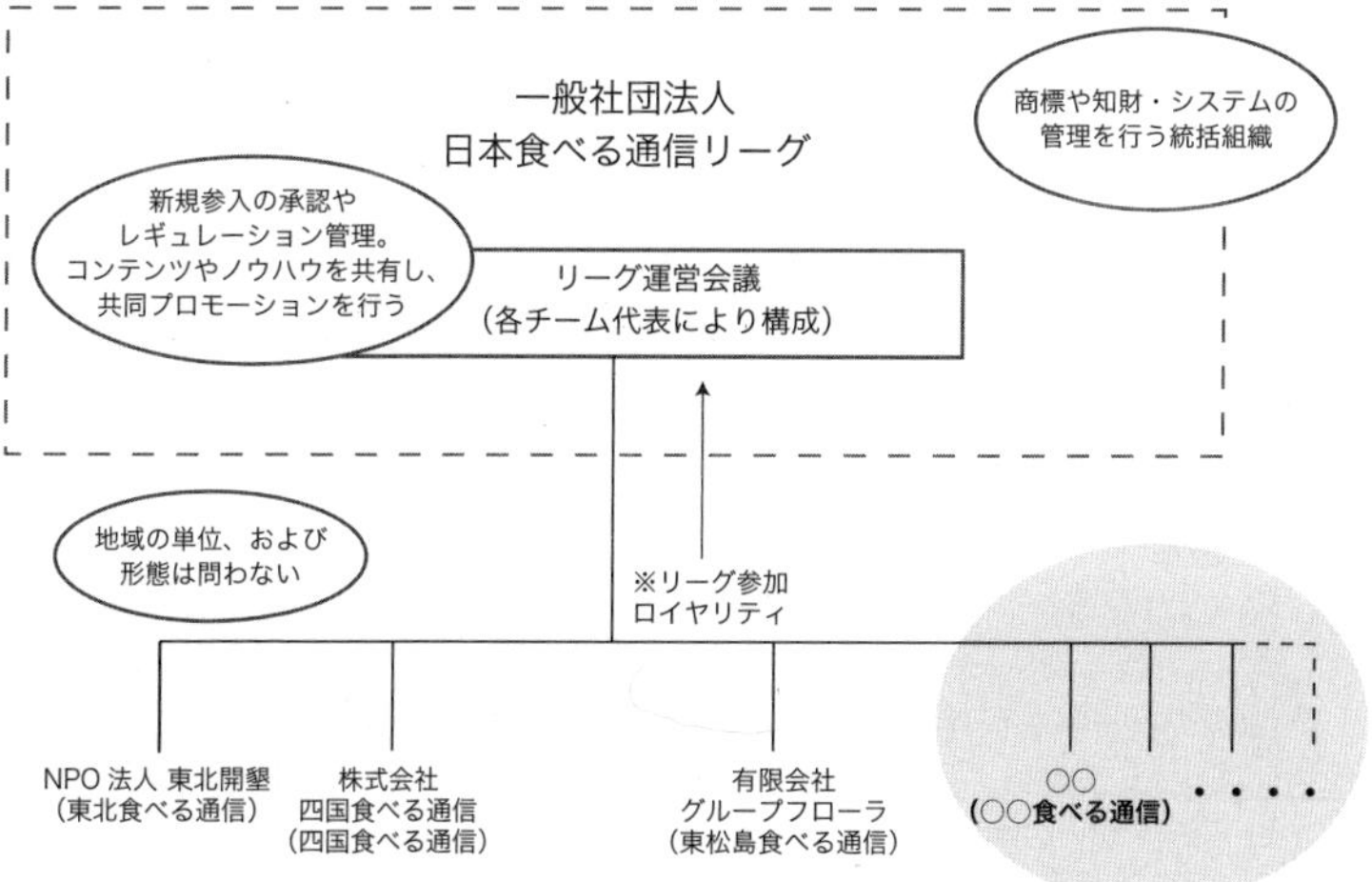

「日本食べる通信リーグ」の仕組み。将来的には100の『食べる通信』立ち上げを目指している(「日本食べる通信リーグ」資料をもとに作成)

がっていけば、トータルでは何十万人という数になりますから」（高橋さん）

こうして、フランチャイズでも子会社化でもなく、それぞれが独立し、理念やノウハウを共有する〝プラットフォーム〟が生まれると、瞬く間に『食べる通信』は増えていった。

「地域にはマグマが溜まっている。でもそこには〝にがり〟が必要。それが『食べる通信』という〝真似しやすいモデル〟なんです」（同）

現在「日本食べる通信リーグ」に加盟する事業者は二〇一六年三月時点で三一団体。将来的には全国に一〇〇の『食べる通信』を立ち上げたいと高橋さんは語る。

全国に広がる『食べる通信』のネットワーク

数ではなく〝濃度〟で競う

「リーグ制」にしたメリットは他にもある。共通の理念を掲げた各『食べる通信』は、「互いに同じ山の頂を見ているから」成果と課題を逐次共有できるのだ。「いい試みはパクれるし、真似すればいい」（高橋さん）。

「四半期に一度、全国の『食べる通信』の代表者が集まって、運営会議を行っています。ここで『うちはこういう企画を始めた』という施策や、『発送のとき、こんなトラブルがあった』という事例を共有するんです。こうすることで、互いに切磋琢磨しあいながら、よりよいメディアをつくることができます」（阿部さん）

一方、高橋さんはこう語る。

「デザインも自由、値段も自由。僕らはシステムとアイデアを提供しますので、どうぞ好きにやってくださいという姿勢です。普通のメディアと違うのは、僕らは〝いかに生産者と仲良くなれるか、友達になれるか〟という競い合いをしているということです」

通常、メディアの影響力をはかる際、発行部数や広告収入など、〝数の論理〟が持ち出される。そこでは〝読者の満足度〟も〝社会への影響〟も数で認識されることになる。メディアが社会にどのような影響を与えたかという〝エピソード評価〟はなされないのだ。でも『食べる通信』は数では競わない。〝濃度〟で競う。会員制（つまり、定期購読という仕組み）により〝閉じられた〟メディアである『食べる通信』は、〝コミュニティの人数〟を増やすことよりも、〝コミュニケーションの濃度〟を上げることを互いの評価軸にしているのだ。

リーグに参加する団体どうしで、具体的にはどのようなノウハウやアイデアが交換され、蓄積されているのだろうか。

「『四国食べる通信』が始めた『発送まつり』というイベントを東北でも取り入れました。発送ってかなり面倒なので、読者と一緒にやってみたらどうか、と考えたんです。読者は生産現場の方と交流できるし、美味しいものも食べられる。僕らも作業負担が減るから、一石二鳥ですよね。たとえば午前中に発送作業をやってしまい、午後はバーベキューをやる、というように、作業とセットにしたイベントを開催すると、何人か来てくれるんですよ。こういうアイデアは積極的に他でも取り入れています」（阿部さん）

虎の巻と審査基準

さらに、「日本食べる通信リーグ」は新規参入希望者に対するケアも怠らない。

「新しく『食べる通信』を創刊希望の方向けに、創刊の手引きや契約、参画にあたっての注意事項などを記した〝虎の巻〟をお渡ししています。アドバイスもしていますよ。基本的な発送の手順とかウェブサイトの更新の方法とか」（阿部さん）

虎の巻「あなたの食べる通信スタートアップの手引き」の概要

・創刊に向けてまず必要なこと（コンセプトづくり、チームづくり）
・先行事例の基本コンセプト、事業スキームの紹介

【基本業務】
・生産者開拓および出荷・発送
・誌面制作（デザイン）
・編集、出荷・発送のスケジュール
・「日本食べる通信リーグ」ウェブサイトの管理画面の利用方法
・『食べる通信』の PR 戦略
・カスタマーサポート
・コミュニティ運営（SNS、イベントなど）

（※日本食べる通信リーグ参画資料より）

その虎の巻、「あなたの食べる通信スタートアップの手引き」はまさに開業マニュアルだ（前頁表）。

では具体的に、今まさに創刊したいという団体にとって、一番大事なことは何だろうか。

「想いと実現性、両方兼ね備えていないと難しいですよね。最低でも一年は続けてほしい。半年で休刊になるとメディアのブランドも傷つきます。たとえば『東松島食べる通信』のように、非常に狭いエリアを対象とする『食べる通信』もあります。会員数が少なくても、地域のファンコミュニティを育て、事業体制を工夫すれば運営は可能です。彼らはもともとネット通販で海苔などを売っていた事業者だったので、食べる通信を始めることで相乗効果もある。副業と本業の〝二階建て〟はコストに対する耐性も高いですしね」（同）

そもそも『東北食べる通信』の一五〇〇人限定という仕組みは合理的なように思えるが、それは、『東北食べる通

「日本食べる通信リーグ」新規参入の審査における評価基準と確認書類

【評価基準】
生産者のストーリーを紹介するメディアであること
クオリティの高い誌面であること
生産者と消費者の交流を促すこと
安定した経営能力があること

【審査書類】
サービスの基本コンセプト
発行頻度や価格を加味した事業計画
運営チームメンバー
想定生産者リスト
誌面イメージ（デザインやポートレイト）
読者フェイスブックグループ、ツアーやイベントなどの運営計画
顧客獲得へ向けたマーケティング戦略
実施スケジュール

（※日本食べる通信リーグ参画資料より）

信』の運営元がＮＰＯ法人であるから、という理由もある。「日本食べる通信リーグ」に加盟する事業者は、任意団体から株式会社まで多様だ。利益を重視する運営元であれば、会員数を増やしても問題ない。重要なポイントは、ビジョンを共有し、かつ〝継続できる体力を持った団体であるか〟なのだ。

前頁の表は、「日本食べる通信リーグ」の新規参入時の審査基準である。このような明確な審査基準と手厚いバックアップが功を奏して、さまざまな『食べる通信』が創刊されてきた。高橋さんは、最近よく「チャッカマン」と言われているらしい。それはつまり「火つけ役」ということ。高橋さんら『東北食べる通信』で取材した地域から、不思議と新しい『食べる通信』が生まれてきているのである。下北半島でタコを取り上げると『下北半島食べる通信』が生まれ、三陸の漁業を取り上げると『綾里《りょうり》漁協食べる通信』が生まれた。

「特に、『綾里漁協食べる通信』は漁協自体がやりたいと手を挙げてくれた、これまでも異色の『食べる通信』です。これはぜひ、協力したいと思いました」（同）

本来メディアとは、発信したいと思う者が、自ら発信することで説得力を持つ。それが〝漁師の共同組合である漁協〟から発信されたものなら、なおさら力強く読者へ届くことだろう。

読者と生産者を同じ物語の登場人物に

こうして「全国に一〇〇の『食べる通信』を」をスローガンに、順調に拡大の一途を辿る「日本食べる通信リーグ」だが、高橋さんたちはさらに、『食べる通信』どうしのネットワークを活かした新しい取り組みをスタートさせた。

それは、『NIPPON TABERU TIMES』というウェブメディアである。高橋さんは、同メディア創刊の理由をこう語る。

「紙の『食べる通信』は発行したら終わりじゃないですか。でも、僕たちの『食べる通信』の真骨頂は、発行した後の読者と生産者の深いつながりなんですね。実際にこれだけ続けていると、各『食べる通信』で生まれた素敵なエピソードがたくさん蓄積されてきているんですよ。ですから、ウェブで生産者自身が自らの言葉で日々、発信していく場があってもいいと思ったんです。もちろん、紙のメディアで毎号じっくり食材と生産者と向き合ってきたからこそ、できることなんですけどね」

自らメディアを巧みに活用している『食べる通信』は、今後さらなる発展を見せてくれることだろう。行政の被災地支援の補助金をもらうことなく、ゼロから東北発信のビジネスを立ち上げ、軌道に乗せていったことも、大きな推進力につながっているのだろう。ちなみに今、高橋さんはこんなことを考えている。

「最近は地方創生だとか、生産現場が壊滅していると言われますが、その典型は東北ですよね。そして、自治体や国が一番にやろうとするのは公共事業と観光です。でもこれは、地域の底力には一切、つながらない。僕は『食べる通信』を続けてきて都市と地方の二拠点居住など、都市と地方がかき混ざる新たなライフスタイルをつくりたいと考えています。読者が気に入った生産者と仲良くなって、もう一つの〝故郷〟をつくる。それくらいの媒体に育てたい」

『食べる通信』のミッションは〝ストーリーを届ける〟こと。分断されたコミュニティをつなぐためには、強固なストーリーが必要だ。読者はストーリーや登場人物に惹きつけられると、その場所に訪れたくなる。映画やアニメーションのロケ地巡りなどで地域振興を行う「コンテンツ・ツーリズム」が最近注目されているが、高橋さんが射程に入れているのは単なる観光ではなくて、都市の人々が第二のふるさとをつくるきっかけをつくること。人々の移住や移動を促進し、本当に〝都市と地方をかき混ぜるメディア〟になるかもしれない。そのためにこそ『食べる通信』は、読者と生産者を、互いに尊重しあう対等な〝同じ物語の登場人物〟にする。

2　本と温泉（兵庫県豊岡市）
――〝地産地読〟という届けかた

小さなプロジェクトを自分ごとのように

大阪や京都などの関西圏の人にとっては馴染みの深い「城崎《きのさき》温泉」は、旅館に泊まったお客さんが、浴衣を着て下駄を履いて外湯めぐりをする、風情ある温泉街だ。夜になると外湯から宿に向かう温泉客が、射的場やお土産屋をそぞろ歩き、カランコロンという乾いた小気味いい下駄の音が町にこだまする。

この城崎温泉で、地域限定発売、お取り寄せ不可の本が誕生した。この場所に来ないと買えないという、その小説『城崎裁判』は、城崎温泉の旅館やお土産屋など地元の店舗のみで購入することができる。著者はベストセラー作家の万城目《まきめ》学さんだ。

これは造本が面白い。温泉に入りながら読めるように、本文は防水加工され、タオル地のカバーがかけれらている。どうしてこんな奇抜な本をつくったのだろう。せっかくここまで凝ったのに、どうして地元でしか発売しないのか。仕掛け人の一人、ブックディレクターの幅允孝《はばよしたか》さんにお話を伺った。

「城崎温泉は兵庫県豊岡市にあって、もともと作家の志賀直哉が逗留し、『城の崎にて』という短編を執筆したことで知られています。二〇一三年には志賀直哉が訪れてちょうど一〇〇周年となり、その記念としてつくりました」

幅さんは、都内の書店を経て独立し、BACH《バッハ》という会社を立ち上げた。新しい切り口の本屋やライブラリーをつくるほか、「本」にまつわるさまざまなコトを仕掛けている。ある日、幅さんは城崎温泉の老舗旅館の一つ「三木屋」の若旦那から「リニューアルのタイミングでラウンジに本棚をつくってほしい」と依頼された。ここから、城崎温泉との関わりが始まる。

創業300年、志賀直哉ゆかりの宿・三木屋（著者撮影）

「何度か通ううちに、町のいろんな人と関わるようになりました。三木屋のリニューアルが二〇一三年の一一月だったのですが、その初日に豊岡市大交流課の谷口雄彦さんという方が一升瓶を持っていらして、ねぎらってくれた。行政や民間という垣根を超えた部分で、彼はめちゃくちゃ心配していたんです。町のためには三木屋の復活が欠かせないと。関わる誰もが、この小さなプロジェクトを自分ごとのように考え

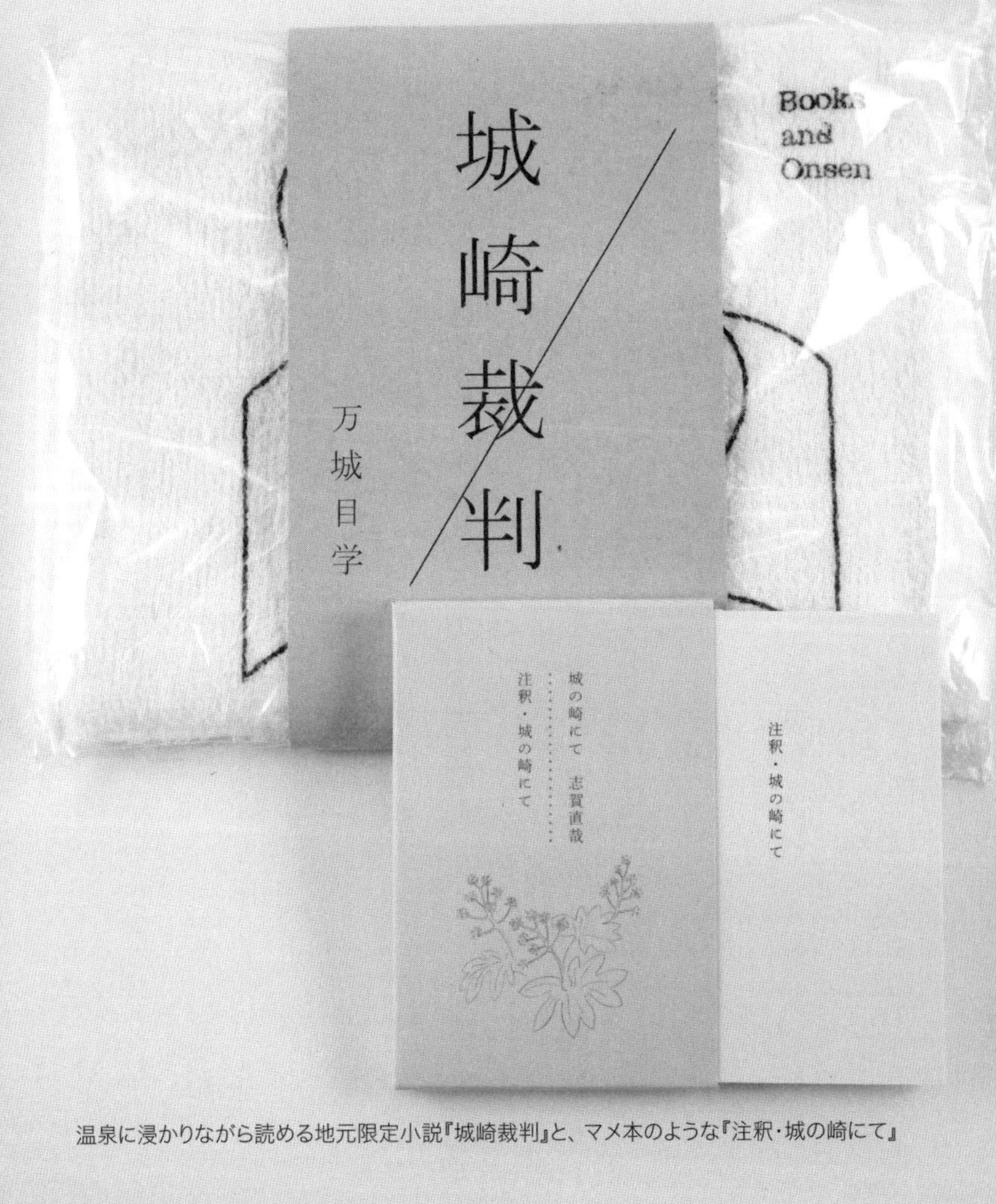

温泉に浸かりながら読める地元限定小説『城崎裁判』と、マメ本のような『注釈・城の崎にて』

ているところに惚れ込んで、どっぷり関わるようになっていきました」

行政の担当者、旅館の若旦那、そして東京から来た幅さんらはお酒を酌み交わし、温泉に浸かって、まさに裸の付き合いをしてきた。

「ドリンク剤が欠かせませんよ（笑）。でも本当にこの町の人々の距離感は近いんです」

この場所で生まれたものは、この場所で出す

幅さんたちは志賀直哉来湯一〇〇周年事業に合わせたキャンペーン企画を行おうという話で盛り上がった。いかに文学という要素でお客さんを集めるか。幅さんと旅館の若旦那たちは「本」をつくったらどうかと考えるようになっていた。

「最初に僕は、ほぼ一〇〇年前に書かれた『城の崎にて』をことさらに押し出しても、今の人に響かないんじゃないかと思いました。現代版にアップデートする必要があると考えたんです。志賀直哉が逗留して小説を書いたように、現代の作家に、温泉に浸かりに来てもらって、滞在しながら新たな小説を書いてもらったらいいんじゃないかと思いました」

幅さんは、同じく東京で「ユトレヒト」というショップを立ち上げ、現在はフリーで選書の仕事などを行っている江口宏志さんに声をかけた。

「江口さんとデザイナーの尾原史和さん、僕とデザイナーの長嶋りかこさんというチームに分かれて、

それぞれ本をつくろうと。そして、江口さんたちは『城の崎にて』の注釈本を、僕たちは新作小説をつくることになりました。最初は、東京の出版社に声をかけようとも考えたのですが、この場所で生まれたものならこの場所で出すのが相応しいだろうと思い、旅館の若旦那を中心にNPOを立ち上げて、そこで出版したらどうかと提案しました」

〝地域限定〟が戦略になるとき

こうして立ち上がったのが、「NPO法人 本と温泉」。城崎温泉の複数の旅館の若旦那衆が少しずつ資金を持ち寄り、本を出すためのレーベルをつくった。行政が出版元になることも考えたが難しく、民間メンバーで発行することにした。

本の制作編集は幅さんらが受け持つが、発送作業や在庫管理などは、NPO法人が行う。しかし、本業の旅館業があるため、専業でこのルーチン作業を行うことは難しい。

「だったらいっそのこと、この町だけで売ったらどうかと話しました。今の時代、ネットであらゆる情報やモノが手に入る。でも僕はだからこそ逆に、体を動かすことによって得られるものをつくりたいとずっと考えていた。地域限定発売という戦略は、むしろ遠い温泉地に行きたくなるというモチベーションを生み出す意図が込められています。僕らはその頃『地産地読』って言っていましたね」

こうして、温泉で読める本『城崎裁判』と、『注釈・城の崎にて』の制作が始まった。幅さんが声をかけ

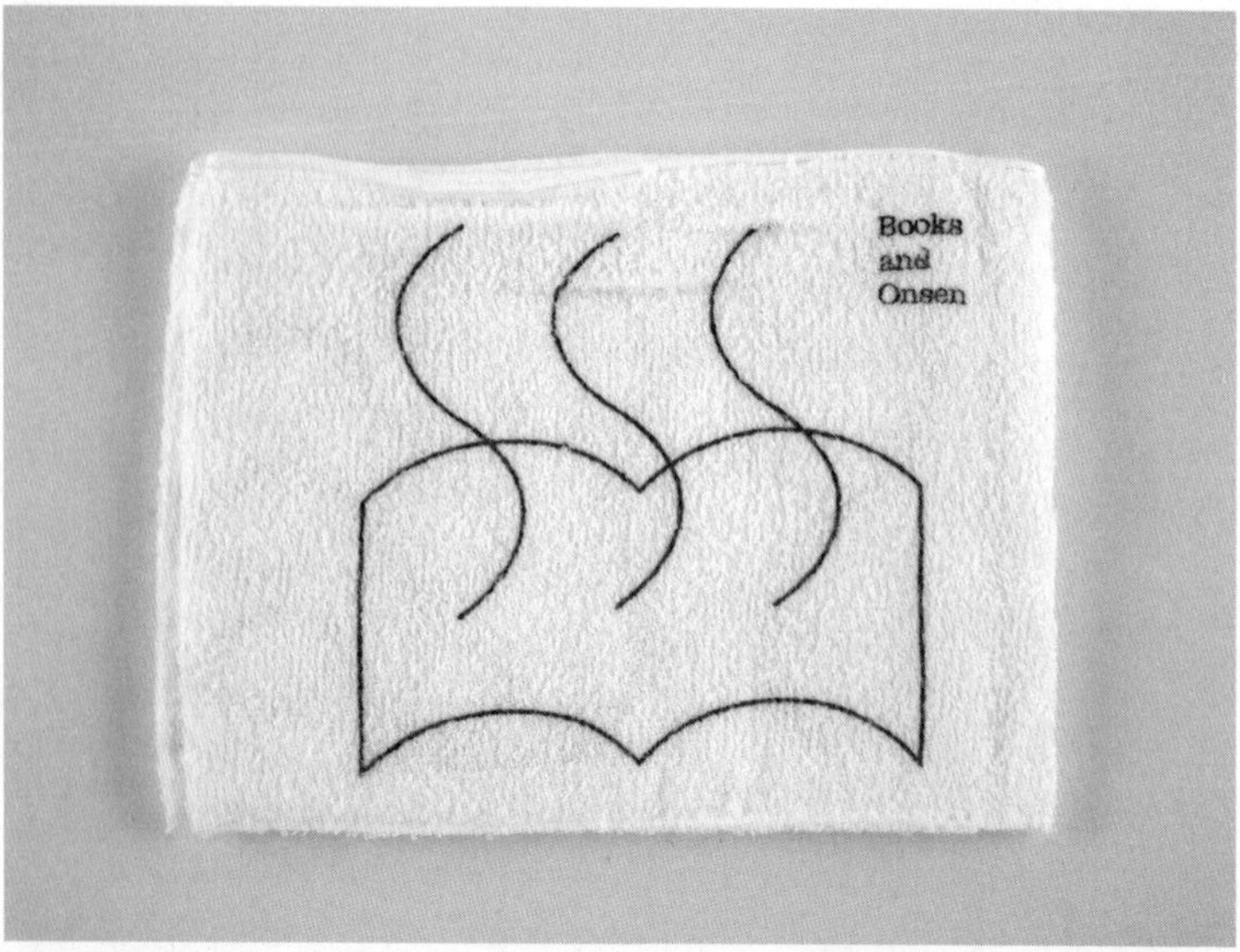

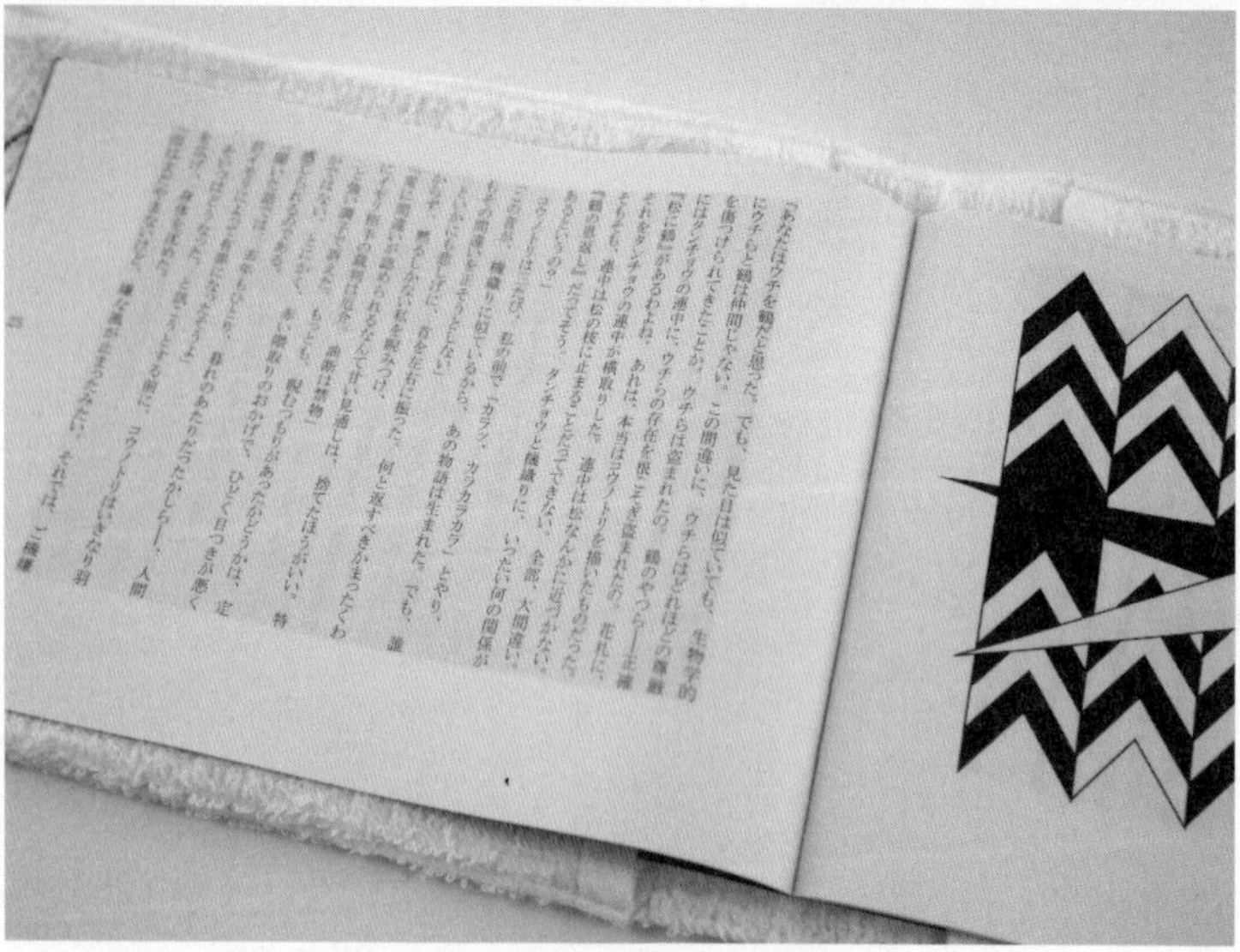

タオル地のカバーと防水加工された本文。温泉で一番気持ちよく読めるかたちとしてたどり着いたアイデア

たのは、『鴨川ホルモー』『プリンセス・トヨトミ』など、京都や大阪といった関西地域を題材にした小説を発表してきた万城目学さん。京都から電車で二時間ほどで行ける城崎温泉を題材とするには格好の作家だと幅さんは考えた。

「万城目さんには冬と春の二回、城崎温泉に滞在していただきました。僕も初日と二日目はご一緒しましたけれど、後はゆっくり温泉に浸かって、好きに町を歩いてテーマを考えていただきました。地元の人が接待しすぎると自由に書けないと思ったので、ほどよい距離感を保ち、普段の城崎温泉を体験してもらおうと考えたんです」

書きあがった小説は、詳しくは書かないが、一〇〇年前の志賀直哉の『城の崎にて』に通底する、小さな生き物の死を描いたフィクションだ。その物語の体験を増幅するために、幅さんとデザイナーの長嶋さんはタオル地のカバーと、防水加工されたストーンペーパーという本文用紙を選んだ。価格は税込一七〇〇円。

「以前、ホテルの本棚づくりをお手伝いしたときに、風呂場に本を置こうというアイデアを思いつき、調べた時期があって。防水本には可能性があるなと考えていたんです。地元だけで売ると考えたとき、その町で一番気持ちよく読めるかたちが何かっていったら、温泉での読書です。だったら防水本だと」

驚くほど売れた

『注釈・城の崎にて』に続き、防水本の『城崎裁判』が発売されると、これが驚くほど売れた。城崎温泉だけで発売したにもかかわらず、数週間で初版の一〇〇〇部が売り切れる勢い。この〝文学のお土産〟の盛り上がりに対し、文学に興味のなかった地元の人も、興味を持ち始めた。僕の友人も、本が出るやいなや、わざわざ城崎温泉を一泊二日で訪れたくらいだ。初版は瞬く間に完売。急いで増刷するも、タオル地のカバーの納品が間に合わなくて、城崎の旅館のタオルで代用する羽目に。帯を巻いたり袋詰めにする梱包作業も、「本と温泉」のメンバーが、徹夜で行った。予想外の反響に、旅館街は嬉しい悲鳴を上げた。

「一番嬉しかったのは、温泉街の射的場の景品になっていたり、外湯で読んでいる人を見かけたことですね。今後、刊行点数が増えていったら、本の自動販売機をつくって設置しようと思っています」

一冊の本が、地元のアイデンティティを支えるメディアになることはよくある。ただし、『城崎裁判』が新しいのは、本に書かれたことそのもの（作品）だけではなく、本が読まれる体験までをも、プロダクトのコンセプトの中に組み込んだこと。実際に現地に赴いて、身体的な経験を経ているからこそ、読書体験をデザインすることができる。幅さんは東京に住みながら、何度も城崎に通い地元と触れ合っているからこそ、「ここでどんなアイデアが成立するか」を必然的に考えることができたのである。

「今後は、年に一冊ずつつくらいのペースで点数を増やしていけたら、と思っています。一つ成功すると欲張って『本と温泉』トートバッグをつくってみたりしがちですが、無理せず〝拡げない〟ことを第一に考えています。通販もやっていません。本当にここに来ないと買えない、という前提は守っていきたいですね」

事前に本がどのように流通して、どこで売れるかまでを頭の中に入れたうえで出版することは大切だ。この流通やコミュニケーションの領域を他者に預けてしまうと、想定通りの体験を生み出すことができない。

今の時代、クリエイターは〝コンテンツ〟を生み出すだけではなく、〝体験〟を生み出すことが求められているように思う。地域発行の出版物は特に、この〝体験〟のデザインが肝になってくる。今や、たとえ一流の作家に一流のコンテンツを生み出してもらっても、大した驚きがない。それを用いて読者がどんな体験を得られるのか、その枠組みのほうにこそ、気を配る必要があるのだ。

キーパーソン

一方、幅さんら東京のクリエイターと地元の人々をつなげた、豊岡のキーパーソン・田口幹也さんは「本と温泉」についてこう語る。

「この本は、文学もお土産になるんだ、ということを教えてくれました。それまでの城崎温泉って、人にあげたくなるお土産がなかったんです。賞味期限を優先させた長持ちするお菓子がほとんど。今は、本を東京に行くときのお土産に持っていったりします」

この本が生まれるには、地元の人の協力と理解が必要不可欠だった。田口さんは旅館の若旦那衆や市役所に、幅さんや江口さんのほか、東京のメディア関係者を紹介した重要人物。幅さんや江口さん、デザイナーの尾原さんや長嶋さんも旧知の仲だ。

もともと田口さんは、東京でPRなどのさまざまな仕事をしていたが、震災を機に地元の豊岡市に引っ越した。当初は城崎温泉から車で四〇分ほどの神鍋《かんなべ》高原に住居を構えた。その後、市役所の仕事に関わったり、人脈を活かして公私さまざまなかたちでこの町に関わり続けていた。この精力的な動きが認められたのか、彼は城崎温泉に二〇一四年にオープンした文化施設「城崎国際アートセンター」の館長を務めるまでになっている。

「この『本と温泉』企画は、最初に城崎の老舗旅館の一つである西村屋の西村総一郎さんに、三木屋の片岡大介さんを紹介され、三人で集まって話したことから始まりました。僕はもうちょっと打ち上げ花火的な派手なことを考えていた。最終的には『城の崎にて』が朝ドラになるような企画にしよう！　とか。でもまあとりあえず本に関することなので、幅くんと江口くんを東京から呼んで、何をするっていうわけじゃなく町を歩いてもらったんです」

田口さんが言うには、もともと城崎は文人にゆかりの深い温泉地だったそうだ。志賀直哉以外にも、山下清も泊まっていて、その書が残っているという。しかし、城崎温泉街には、本屋は一軒しかなく、お世辞にも文学が充実した品揃えではない。もはや、文学の町とは言えなくなっていたのだ。

町には〝継続するもの〟が要る

「NPO法人本と温泉」の理事長で旅館「錦水」の若旦那、大将《たいしょう》伸介さんはこう語る。

「国語の教科書に『城の崎にて』が載っていて、うちの町のことだなぁってなんとなく知っていたけれど、今の地元の子どもたちに『城の崎にて』のことをちゃんと教えられなかった。いろんな意味で『本と温泉』プロジェクトは地元に好影響を与えていますね」

田口さんも付け加える。

「多分、一発で終わるイベント的なものじゃなくて、継続するものがこの町には必要だろうと。しかも、それをつくる主体は旅館の若旦那たち、というストーリーが必要でした」

城崎温泉の歴史は深く、当然のことながら、この町をつくってきた重鎮たちがいる。それに対して、次の世代が一丸となって新しい取り組みを始めようとしている。三木屋のラウンジの改装にしろ、「本と温泉」にしろ、古い価値観のままではいけない、という若者たちの連帯によって生まれたのだ。先述の豊岡市大交流課の谷口さんはこう語る。

「城崎は温泉街を一つの旅館に見立てているんです。駅が玄関、道が廊下。宿は客室。つまり、温泉客をひと宿で囲い込まず、外湯に誘導して町にお金を落としてもらうという文化です。こうした共存共栄の文化が根づいているから、自然と辛い時期もみんなで乗り越えようと考えることができるんですね」

これは旅館や外湯の経営に限った話ではない。

「木造三階建ての街並みが維持できているのも、旅館と外湯のあいだにあるお土産屋さんや、ご飯屋さんが元気だからなんですよ。これが、一人の家主の考えでビルを建てようものなら、この風景はあっという間に壊れてしまう。『本と温泉』プロジェクトが地域限定発売で、町にお金を落とそうという企画になったのは必然的なことなんです」(田口さん)

この町の連帯が育まれた背景の一つには、過去の辛い事件があった。自分のところで出た湯は誰のものかということをめぐって、それは長い抗争が繰り広げられた。二〇年間、町を二分するほどの対立があったそうだ。

「そういう経験があったからこそ、利益を独り占めしないでみんなで共有しましょうという価値観が生まれたんです。親の代どうしは仲が悪くても、世代が変われば、そんなことを気にしてもいられない。今の若旦那の連帯にも理由があるんです」(同)

連帯した若旦那衆の一人、三木屋の主人で「NPO法人 本と温泉」の理事・片岡大介さんも城崎の現状を変えたかった。

浴衣で歩ける城崎の温泉街（著者撮影）

「これまでの城崎は、冬にカニを食べにくるお客さんがメインでした。でもここ五年くらい、さすがにそれだけじゃやっていけないと、みんな危機感を持っていました。うちがリニューアルしたのも、カニ目的以外のお客さんをいかに獲得するかという意図があったんです」

そのためには、オフシーズンに城崎に来てもらえる方策を練る必要がある。また、関西圏だけではなく、関東圏からもお客さんを呼び込む必要があった。

「まず、一九二七（昭和二）年築の木造の建物を登録文化財に指定してもらいました。木造旅館の空気や時間の流れ方を売りにしようと。ラウンジに本棚を入れたのも、本を読んで、ゆったりとした贅沢な時間を味わってもらいたかったからです」

志賀直哉が逗留した宿が、温泉や文学にまつわる本が並ぶブッククライブラリを新設する——このユニークな取り組みはニュースとなり、片岡さんの目論見通り、リニューアルから一年で関東圏からのお客さんが目に見えて増えたという。

「これまでカニのシーズンが過ぎると、お客さんがぐんと減っていました。すると暇な日が続いていたんですが、今はこの狙った時期に狙った層が来てくれています。文豪が泊まった宿は全国的

幅さんが手がけた三木屋のラウンジ。温泉にまつわる文学の本などが並ぶ（著者撮影）

にどんどんなくなっていますし、城崎は、町全体で一つの宿という意識でやっていますから、古い建物が比較的残っている。これを売りにしない手はありません」

このように、城崎の若旦那衆は、自らの町の歴史を振り返り、そこから観光資源を発掘し、新たなまちづくりに一丸となって取り組んでいる。

おせっかいする人

一方、温泉街の人でもない田口さんが、地域に入り込み、「本と温泉」プロジェクトを推し進められたのはなぜだろうか。

豊岡に引っ越した当初、田口さんはまちづくりの考え方について町の人に提案をしていた。とはいえ、関心は持ってもらえるが、なかなか次に進むことはなかった。

そんなある日、田口さんは人気イラストレーターのイラストをあしらったおしゃれなデザインの名刺に「おせっかい」という肩書きを書いて、副市長に会いに行った。

「豊岡市の交流人口を増やすにはどうすればいいか。豊岡は『鞄の町』なので鞄業界の人や、神鍋高原にスキーにくるお客さんはちらほらといるけれど、全体の広報やコミュニケーション戦略ができていないのでは、というお話を延々としました」

その日も、「非常に参考になりました」と言われたけれど、「まあ今までと同じで、何も始まらないだろう」と田口さんは思っていた。しかし、今回は違った。

「その日のうちに電話がかかってきて、明日もう一度来てくださいと。翌日市役所に行くと、『昨日の話が面白かったので、今後、こういったワークショップのアドバイザーをお願いしたい』と打診されました。行政なので予算はないけれど、市長にすでに話が通じているし、これはありがたい話だなと思いました。僕も、お金はいらないけれど、アドバイザー的立場ではなくて、全部を見られる権力をください（笑）って。それにしても四〇代のほぼ主夫の僕にこんなポストを与えてくれる市役所もすごいですよ」

こうして田口さんは、市の大交流課のアドバイザーを務めることに。大交流課のアクションプランのワークショップを開催したり、東京で行われた「豊岡エキシビション」の企画などにも携わった。厳密には市の正式なアドバイザーではない田口さんの肩書きはもちろん「おせっかい」。

豊岡が持つ魅力を誰に、どのようにして伝えるかを整理するために、主要な雑誌の媒体資料を用いるなどして、雑誌のビジネスモデルや、広告の役割などを市役所や観光に携わる人に講義した。田口さんのように、雑誌や広報の実務に詳しい人が行政の内部に関わることの意味は大きいだろう。大交流課の谷口さんはこう語る。

「それぞれの旅館ごとに顧客情報を持っていて、自分のところの顧客に対してはマーケティングをやるんだけど、地域全体としてはできていなかった。豊岡市は今、地方創生の関係で広告代理店と大きな仕事をしようとしています。田口さんがいたから、大手代理店とも対等に渡り合えている部分はあるかなと。

彼のような人材を地元に戻すことが地域創生そのものなのだと思います」

地域との連携が深まっていく

田口さんはその後、縁あって城崎温泉に最近オープンした城崎国際アートセンターの館長を任された。同館の芸術監督は、世界的に活躍する演出家の平田オリザさん。

「この城崎国際アートセンターは、舞台芸術に特化したレジデンス施設です。国内外からさまざまなパフォーマー、アーティストの公募を行い、ある一定期間滞在して作品を制作していただきます。ある意味、文人が滞在して書や文芸を発表してきたこの町ならではの施設ですね」（田口さん）

もともと城崎国際アートセンターは、美術館や博物館と同様、市の社会教育分野の管轄だったが、田口さんの提案で大交流課の所管になった。つまり、より「まちづくり」の拠点として同館を活用する方向性が打ち出されたのである。

「実は僕を館長に推してくれたのが平田さんだったんです。アートセンターの体制を変えることになり、館長を探していた市長へアドバイスくださったとのことです。『おせっかい』なんて名刺を持ってふらふらしていた僕に館長を依頼するなんて、市長も平田さんも思い切ったことをするな、と思いましたね」（同）

また、館の運営形態も特殊で、いわゆる指定管理者制度を排した市の直営。まずは三年間という期間限定ではあるけれど、民間に委託せず、市が責任を持って、豊岡市の地方創生の核となる施設と位置づけている。

実際、城崎国際アートセンターを訪れてみると、館長の田口さんが誰よりもせわしなく同館のプログラムを切り盛りしている様子が伝わってきた。名ばかりの人選ではなく、町のことを自分ごととして動いてくれる館長がいるほうが、この新しい文化施設は利用されるようになるだろう。

先述の幅さんも城崎温泉の地域プロデューサーとして関わることに決まった。地域との連携を深めることでアーティストにとっても魅力的なレジデンスの拠点になるのは間違いないだろう。

「国内外からいらしてくれたアーティストには、旧城崎町民と同じ割引価格で外湯に入っていただくようにしています。稽古して、温泉に入って、稽古して……作品を制作していく。温泉に入れるレジデンス施設って他にはないと思いますよ（笑）」（田口さん）

大交流課の考え

「本と温泉」プロジェクトが立ち上がったり、城崎国際アートセンターのような施設がオープンしたりと、何かと元気な印象を与える豊岡市であるが、そもそも、これらの取り組みをバックアップしている「大交流課」とはどんな部署なのだろうか。

「豊岡市は交流人口を増やすことを大きな目標としているそうです。そこで、市長の肝いりで現在の大交流課が立ち上がりました。僕としては、市長にしろ大交流課にしろ、本に対する理解が深く、また風通

しがいいので面白いことがやりやすい地域ではありますね」（幅さん）

僕が城崎を訪れた際にも、田口さんをはじめ「本と温泉」のメンバーである大将さんらに混じって、大交流課の谷口さんが二次会、三次会と朝まで付き合ってくれた。もはや市役所の仕事の枠を超えて、この温泉街をよくしたいと考えている様子が伝わってくる。翌日はこれもまた、豊岡市が力を入れている芝居小屋の永楽館に案内していただいたりと、外からやってくる人々に対して手厚い案内をしてくれる。幅さんが気持ちよく仕事ができる理由がわかる。

豊岡市は平成の大合併により、城崎温泉のある城崎町をはじめ、城下町の出石《いずし》町や、神鍋高原がある日高町などを擁する大きな自治体となった。温泉、レジャー、食と、観光資源の豊富な地域なのである。

「自然もあるしグルメもあるしアクティビティもあるし、もちろん温泉もある。京都には勝てないかもしれないけど、他の観光地にはじゅうぶん勝てる資源が揃っているんですよ」（田口さん）

城崎に関して言えば、共存共栄の思想で自分たちで苦しい時期も乗り越えてきた自負がある。行政が介入してあれこれ言うことに対して抵抗もあるだろう。しかし、このような自治意識の高い地域に積極的に入り込み、周辺地域を含めた交流人口の増加を真剣に考えているのが大交流課なのである。説明は難しいけれど、業務や役割の差を超えた人情のようなものが、城崎温泉に関わる人々には共有されていると感じた。だって、僕が城崎に訪れた日、最初に案内された小料理屋のマスターが、気づけば三次会のスナックで、隣の席で一緒にカラオケを歌っているような町なのである。

新しいものを生み出す土壌

「本と温泉」プロジェクトを生み出した城崎温泉という地域は、行政、町、外部のクリエイターという三者が幸福な関係性を保っている。この三つのファクターは水と油のようなもので、同じ目標に向かっていくことが難しい。行政は単年度での成果を求められるし、商業を担う地元の企業主は永続的な経済効果を求めるし、外部のクリエイターは自らのアイデアの実現を一番の目的にしがちだ。

行政と民間が向かい合うのではなく、同じ方向を見ること。これは地域密着のメディアをつくる際に重要な点である。もちろん、最初からその関係性が成り立つわけでは決してない。行政の刊行物を冷やかす市民もいることだろう。だからこそ、彼らを絶えずつなぐ＝おせっかいする、田口さんのような人が活きてくるのだ。

決して大きなお金が動いているわけじゃない。行政の補助金が入っているわけでもない。あくまで地元の若者たちがまとまってまちづくりを考えているうち、その想いを届ける人が現れ、理想的なチームが集まった。その活動は小さなものではあっても、確実に地域を変える流れを生み出している。そして、その中心に「本」や「文化」があるのが新しい。

防水本という本のかたちに始まり、流通の仕方、発行元、制作のスタイル、どれをとっても「本と温泉」プロジェクトはユニークだ。地方には、中央からの物理的な距離というハンディを武器とし、異なる立場にある人が車座になって、新しい出版のありかたを試せる土壌があるのだと思う。

考察

その地に最適なかたちと方法がある

――「十和田奥入瀬芸術祭」「宿命の交わるところ／秋田の場合」ほか

地域をどう語るか――「十和田奥入瀬芸術祭」で試したこと

ローカルメディアを立ち上げる際、その題材は、どの地域にも眠っている。たとえば歴史や風習、地理的な特性などが素材になるだろうが、大事なのはそれを広く内外に伝播させるために、どんなストーリーで語り、届けるかだ。

城崎温泉の旅館の若旦那が集まって始まった「本と温泉」は、志賀直哉ゆかりの地であることを売りにして、〝地産地読〟の本をつくる方法を選んだ。この試みに近いものとして、二〇一三年に青森県十和田市にて開催された「十和田奥入瀬《おいらせ》芸術祭」で発行された『十和田、奥入瀬　水と土地をめぐる旅』という本を紹介したい。

この十和田奥入瀬芸術祭は、十和田市現代美術館が中心となって、十和田市街、それから十和田湖、奥入瀬渓流という観光地を舞台に、さまざまな現代アート作品を展示する地域アートプロジェクトだ。

この数年、全国各地で芸術祭が開催されるようになり、編集者として僕も、さまざまな芸術祭の記録物をつくる仕事に携わってきた。その流れのなかで、十和田奥入瀬芸術祭の企画チームの一員として声をかけられたのだった。

旅すがらに読める新作地域小説

現在、全国各地で開催されている芸術祭は、自治体が多額の資金を出資して、その土地に多くの観光客を集め、一時的に地域活性化を図ることを目的としているものが多い。この十和田奥入瀬芸術祭にしても、基本的なねらいは同じだ。

そこで僕たちは、観光客が十和田、奥入瀬地域を訪れる移動の最中に読める、実際に現地に訪れて得られる体験をより豊かなものにするための〝副読本〟があってもいいんじゃないか、と考えた。たとえば、東京から新幹線に乗って現

その地にまつわる物語が編まれた、観光“副読本”

地に向かう旅すがら、十和田、奥入瀬にまつわる物語を読んでみる。あるいは、現地で現代アート作品と、奥入瀬渓流の自然を堪能して帰る飛行機の中で、その体験をより増幅する物語を読む。こうした機能を持った本があってもいいだろう、と。

芸術祭のテーマは「時間旅行」。数十万〜数万年前、八甲田山の噴火によって、全国有数の深さを誇る十和田湖が形成され、数千年前にはそこから流れ出す奥入瀬渓流が生まれ、そしてその支流の先に近代以降、都市計画によってつくられた町が形成された。この数万年来の複数の時間軸が織りなす十和田、奥入瀬という地域の物語に、どのように観客を呼び込むか、というコンセプトが採用されたのである。

そこで僕たちは、詩人の管啓次郎さんを共同の編纂者に迎え、小説家の小野正嗣、小林エリカ、石田千の三氏をこの地に招聘し、彼らにそれぞれ町、湖、

3人の小説家による新作3編と撮り下ろし写真で体験する「時間旅行」

川というフィールドを与え、新作小説を執筆してもらうことにした。具体的には、小林エリカさんは数万年の歴史を持つ十和田湖を、石田千さんは数千年の歴史を持つ奥入瀬渓流を、小野正嗣さんはこの百年ほどで整備された十和田市という町を題材にしている。

さらに、写真家の畠山直哉さんに協力いただいて、それぞれのフィールドを撮影していただき、二四頁のみずみずしい新作写真のシリーズを収録させてもらうこともできた。

土地の物語と旅の体験を結びつける本

小説家が地域に滞在し、執筆のネタを採集する場に同行すると、決して観光客としては出会うことのない地元の人と出会うことができることに気づいた。観光客向けに開かれている商店、観光窓口が紹介する飲食店は、往々にして部外者慣れしており、なかには英語のメニュー書きも用意しているなど、こなれているところがある。しかし、メディアづくりをアリバイとすることで、深い山間地区で生涯のほとんどを過ごしてきたような、方言のきつく、通訳がいないとコミュニケーションが図れないお年寄りに話を聞く機会が生まれる。

かつて十和田湖畔は神聖な土地で、小さな頃、子どもどうしで遊んでいたら、気づいたときには知らない子どもが一人増えていた。よくよく考えると、近所にその名の子どもはいない。あれは神だったんじゃないか。そんな昔話に出てくるようなエピソードが生きた人々の口からすっと漏れてくる。

こうして、メディアの制作者である僕たちと、創作者である作家が、地域の口承文化の深みにはまっていく。僕たちの地域体験はその後、フィクションのかたちを伴って現れる。それは実際に起きた出来事の記録ではないけれど、決して書き遺されることのなかった無名の人々の語りが、行間に襞《ひだ》となって刻まれていく。

この本を手に取った観光客は、いわば二重にこの地域を体験することができるだろう。自分で歩き、確かめた風景に、自分たちの少し前にこの場所を歩いた者の描く物語が重なる。あるいは、東京の書店でこの本を見て、現地を訪れたいと思う人もいるかもしれない。そして、新幹線に乗ってこの物語が描かれた土地に降り立つ。この経験はいわば、『古寺巡礼』を手に奈良・京都の寺社を巡る観光客の身振りにも似ている。自らが目にし、体験した土地の印象が、物語によって増幅される。私たちが目指したのは、たった一度きりの観光では得ることのない、個人の体験と土地の物語の強い結びつきを生むことだった。

新聞、ラジオ、タウン誌、ケーブルテレビの連携——宿命の交わるところ／秋田の場合

また、そもそも、僕がローカルメディアに可能性を感じるようになったのは、秋田県が中心市街地活性化事業と銘打って行ったとあるアートプロジェクトに参加したことがきっかけだった。

それは、演出家の高山明さん率いる「Port 観光リサーチセンター」という演劇リサーチユニットが秋田県で展開した、秋田の未来を占うプロジェクト「宿命の交わるところ／秋田の場合」である。

秋田県は当時、自殺率ワーストワン、成人病患者数ワーストワン、日照率ワーストワンなど、悪い意味でのランキングの上位に食い込んでいるという問題を抱えていた。いぶりがっこにしろ、あきたこまちにしろ、秋田には美味いものが多いし、特に酒が美味くて仕方ない。こんな素晴らしい地域資源にあふれているにもかかわらず、秋田に住んでいる人たち自身がこのランキングを過剰に意識しすぎているところがあった。

僕は、プロジェクト・メンバーの一人として「宿命の交わるところ」に参画し、「Port観光リサーチセンター」のメンバーとともにこのアートプロジェクトを成功に導く方法は何かを考えていた。

そこで導き出されたアイデアは、「秋田という土地を、別の角度から眺めてみる」ということ。その手がかりになったのが、「占い」だった。

高山さんがシンパシーを感じている秋田出身の著名人に、〝暗黒舞踏〟を世に知らしめた土方巽という舞踊家がいる。この土方巽の生家が秋田にあって、その親戚にあたる米山伸子さんにお話を聞きに行ったところ、たまたま米山さん自身が〝占い師〟だということがわかった。

せっかくなので、みんなで占ってもらうことにし

制作されたチラシとガイドブック

た。すると、驚くべきことにこれが〝当たって〟しまうのだ。普段、占いなどほとんどしたこともないメンバーも、占い師が持つ語りの力や、物語の中に人々を投げ込んでいく手法に驚きを隠せなかった。もしかしたら、この占いというツールを用いて秋田を眺め返してみれば、万年ワーストワンのイメージを覆す、新たな秋田像を浮き彫りにすることができるかもしれない。

町の運命占いプロジェクト――語られたことのない秋田像

占い師が語る話は、良くも悪くも、占いを受ける人の人生や人柄を予想して、新たな選択肢を与える。カウンセリングやセラピーに近いところがあって、自分一人で悩みを抱えても打開策が見つからないときに、占い師という〝他者〟から、もう一つの選択肢を提示してもらえるという面白さがあるのだ。つまり、行き詰まった自分の〝物語〟を前に進ませる機能が〝占い〟にはある。ただ、占いはどうしても、個人対個人の閉じられたコミュニケーション空間に限定されてしまうところがあった。

そこで僕たちは、〝占い〟という装置を、地域全体に落としこむための方法として、〝ローカルメディア〟に目をつけた。どの地域にもある地元ケーブルテレビ、ラジオ、ウェブマガジン、タウン誌、新聞などの情報の伝播力を活用すれば、ステレオタイプなイメージでは語られることのない秋田像を、この土地に住む市民に提供できるのではないかと考えたのだ。

そこでまずはさまざまなローカルメディアに交渉を始める。果たして「占い」という、少し怪しい題材に飛びついてくれるメディアはあるのだろうか。そんな不安な気持ちを抱きつつ、僕たちは企画書を持って、地元で有力な新聞社や、人気のローカルラジオ局、タウン誌、ケーブルテレビに通い詰めた。すると、いくつかのメディアからは意外にも好意的な反応があって、最終的にコラボレーションを引き受けてくれたところが七社にも上った（下表）。

こうして、「宿命の交わるところ/秋田の場合」という前例のない、メディアを用いたアートプロジェクトが発表された。それぞれのメディア上で、秋田県内で活動するタロット、オーラソーマ、四柱推命など、さまざまな占い師が〝個人〟ではなく「秋田」という〝町〟を占うという奇妙な企画が生まれたのである。中には、市内のドン・キホーテの一角で細々と商売をしている占い師もいた。男鹿半島からわざわざ出張してきてくれた占い師もいた。取材をしてくれた地元メディアの編集部は、「自社メディアの今後は？」という占いをお願いした。すると、「経済的に厳しい

コラボレーションしたローカルメディア

- CNA［ケーブルテレビ］
  サービスエリア：秋田市（一部を除く）ほか、五城目町、三種町、潟上市の一部
- ABS［ラジオ］
  周波数：秋田 936kHz、大館・本荘 1557kHz、浅舞 1485kHz、鹿角・東成瀬 801kHz
- Ag［月刊誌］
  取り扱い店舗：秋田県内ローソン各店舗、および書店、飲食店など
- あきたタウン情報［月刊誌］
  取り扱い店舗：秋田県内コンビニ各店舗、および書店など
- 秋田経済新聞［WEB ニュース］
  ホームページ：http://akita.keizai.biz/
- 河北新報［新聞］
  発行エリア：宮城県を中心に東北六県
- 週刊アキタ［新聞］
  発行エリア：秋田市を中心に秋田県全域

（2014 年 10 月時点）

が、創造性の高い仕事に運気がある。来年に向けて新しいパートナーと新事業を始めるのもいい」などの答えが返ってきた。こんなふうに何を占ってもいい。普段占わないことを占うことができる。そんな場所になっていた。

ラジオ、テレビ、雑誌、新聞とさまざまなメディア上で展開される占いにまつわる番組や記事を見たり読んだりした人々は、「なんで占い?」と首をかしげることになるだろう。でも、ある一定の期間、異質な情報源としての〝占い〟が日常のメディア空間のあちこちに出現し、違和感を残すことで、秋田に住む人たちが縛られているネガティブな〝秋田像〟に別の物語の〝可能性〟を与えることができるかもしれない。この企画はいわば、一つの情報がローカルなメディア空間上に解き放たれ、その結果どんな〝うわさ〟が伝播するかを調べる〝実験〟でもあったのだ。

連携できる地域メディアは強い

高山明さんらPort観光リサーチセンターは、これまでPort Bというユニットで〝街なかにお客さんを誘導して、演劇を体験させる〟ツアーパフォーマンスという手法でさまざまな作品をつくってきたが、この秋田のプロジェクトによって、演劇のフィールドを街なかからバーチャルなメディア空間上に展開することができることに気づいた。この〝メディアパフォーマンス〟という新しい手法は、二〇一五年に大分で行われた芸術祭「おおいたトイレンナーレ」により大幅なバージョンアップを経て結実することになる。

僕自身はというと、この秋田のプロジェクトに参加して、ローカルメディアのつくり手たちという〝リソース〟が、地域には豊富に眠っていることを知ることができた。そして、テレビ、ラジオ、新聞など、古くからその土地に根ざす企業が持つ配信網、配布・放送の範囲などの〝インフラ〟は、うまく活かせばさまざまな実験を行うプラットフォームにできるということにも気づいた。

長崎新聞「The Way」

ここでは、そんな各地の新聞社やテレビ局が自前で行っているユニークな取り組みをいくつか紹介してみたい。大都市におけるメディアづくりの環境は厳しくなりつつあるのに反して、古くから地方でメディアを発行してきた企業が、新しい取り組みをさまざまなかたちで行っている。そこで重要になってくるのは、既存のメディアの仕組みや慣習を打ち破る企画の〝アイデア〟だ。

長崎新聞がオープンさせた「The Way」というウェブサイトは、多数の離島を抱える長崎県において、同紙の配達ルートをGPSによって視覚化したユニークな企画だ。もともとは、創刊一二五周年を迎え、一八年ぶりに輪転機を新規導入した記念として企画されたもの。基本的に新聞の配達システムは、リアルな身体によって物理的に配布されるもので、昔から変わっていない。しかし、その身体の〝移動〟という古い流通のありかたを逆手に取って、GPSという新しい技術を組み合わせることで、島への配達という日々のローカル新聞の取り組みに光を当てることができるのだ。同ウェブサイト上では、配達員の移動の軌跡が光で示され、閲覧者は、彼らの移動を映像などで追体験することができる。改めて、新聞の原点である「人に直接届ける」ことに立ち返るという意図が込められたプロジェクトだ。

猫目線で町歩き――尾道市「CAT STREET VIEW」

似たような試みとして、他にも、Google ストリートビューを用いた、広島県尾道市の「CAT STREET VIEW」がある。これは、猫に取りつけたカメラを通して、尾道の町を「猫の目線」から眺めるというものだ。ホームページに入ると、人間の目線ではなく、猫の目線、つまり地面に近い視点から町を眺めることができる。尾道は、奥の細道ならぬ「猫の細道」と名付けられた路地があったり、招き猫の博物館があったりと、猫が多い町として知られている。

観光戦略として、猫の視点で町を眺め返すという取り組みは面白い。この「CAT STREET VIEW」を仕掛けているのは、広島県が運営する「カンパイ！広島県」というポータルサイトだ。

ローカルメディアの流行はこのように、紙媒体にとどまるものではないのがわかる。特に、ソーシャル機能を利用したウェブメディアにはまだまだ、さまざまな手法が開発される余地があるだろう。

記者たちの実践――福井新聞「まちづくりのはじめ方。」

一方、福井新聞の記者たちは、報道を行う企業という枠を超えて、実際のまちづくりに乗り出している。

記者三人とデスク一人の四人のチームで構成された同紙の「まちづくり企画班」は、「まちづくりのはじめ方。」という特設ウェブサイトを運用しつつ、主に二つの企画に取り組んでいる。

一つは「FUKUI FOOD CARAVAN」という食のプロジェクト。これは記者が見つけてきた地元の美味しいものを、イベントを通じて紹介していくというものである。

もう一つは、地元の飲食店経営者や商店街などと共同で「福井木守り舎《ふくいきまもりしゃ》」というまちづくり会社を立ち上げ、福井市の中心市街地にある古い物件をリノベーションして、食をテーマにした常設店に変えるプロジェクト。

彼らの活動はまた、自社の連載記事にフィードバックされている。同連載のプロローグにはこう書かれている。

「記者の枠を取っ払い、自らまちづくりの実践に乗り出し、リポートする」

新聞記者という立場にありながら、実際に街場に出て行くこの画期的な取り組みが教えてくれるのは、メディアは単に情報を発信するだけのものではなく、言葉で〝伝える〟、〝こと〟を起こすという両面において、つくり手たちが〝プレーヤー〟になりうるということなのだ。

行動するテレビ局——鳥取・中海テレビ「中海再生プロジェクト」

こうした状況は、テレビにおいても同じだ。地元ローカルテレビによる社会奉仕活動としては、鳥取県と島根県にまたがる湖・中海《ちゅうかい》を浄化するために始まった「中海再生プロジェクト」がある。これは地元のケーブルテレビ会社である中海テレビ放送が、放送とボランティア活動を融合した試みで、企業や地元市民グループによる清掃などのボランティア活動を、毎回自社のテレビ番組で紹介している。

二〇〇七年に同プロジェクトはＮＰＯ法人化され、今では参加団体が一〇〇を超えているという。透明度などのデータも番組で開示し、水質も改善してきたが、「泳げる中海」を目指して息長く続けられている。

街場のプレーヤーになるメディア

このように、各地でメディアに携わる人ならば、社会に対して情報やメッセージを発信するためにメディアを使うだけではなくて、リアルな街場の〝プレーヤー〟になることを意識してみたらどうだろうか。一歩引いた目で地域を見るのではなく、当事者として現場に巻き込まれることによって、メディアで伝えるべきメッセージが、いかに社会へ浸透したか、あるいは必要とされているかを、リアルに肌で感じとることができるからだ。

そうして街場を駆け巡っているうちに、その土地ならではの効果的な情報発信のかたちがひらめくかもしれない。僕たちは古くから地域に根ざすメディアの可能性を使い切れていないと思う。ローカルメディアの担い手たちは、コミュニケーションや現地体験のありかたを変容させるような新たな方法をまだまだ発明できるはずだ。

Part 3

地域の人
×
よそ者

1 『雲のうえ』（福岡県北九州市）

——平凡な場所が素敵に見えてくる

日常の再検証

福岡県北九州市が発行する『雲のうえ』は、同市のにぎわい創出や観光客誘致、イメージアップのために、二〇〇六年に誕生し、現在まで実に一〇年間続けられているフリーペーパーだ。今でこそ、その土地の日常にフォーカスした地域メディアが数多く登場しつつあるが、『雲のうえ』は「日常にこそ地域資源が潜んでいる」という視点を初めて持ち込んだフリーペーパーだと言えるだろう。B5判フルカラーで年二回発行、広告は多少入っているが、基本的には独自の読み物ページで構成されている。

北九州市は一九六三年に門司市、小倉市、若松市、八幡市、戸畑市の五市が合併してできあがった、福岡市に次ぐ九州地方第二の政令指定都市である。本州からの玄関口であり、また、関門海峡に面するため

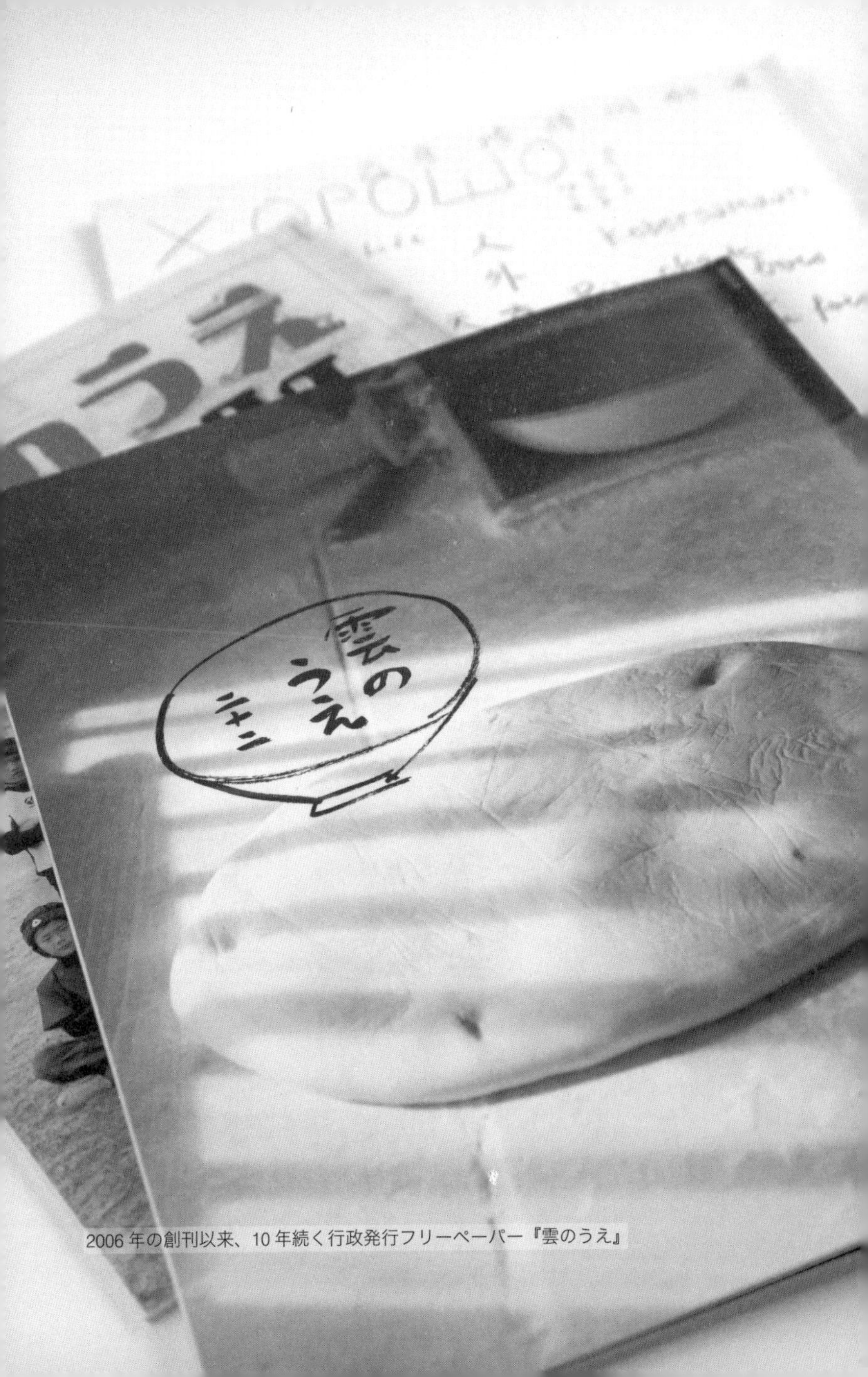

2006 年の創刊以来、10 年続く行政発行フリーペーパー『雲のうえ』

港湾都市として発達してきた歴史がある。ただ、大都市・福岡の隣に位置する北九州市は、その他の地方都市と同じく人口減少という課題を抱え、中心部のにぎわい創出という目標を掲げている。

当初は機内誌として企画されていた『雲のうえ』は、観光客に北九州市の魅力を伝えることを目的にしている。しかし観光客向けの定番グルメや観光地ガイドにとどまらない、町に深く潜った取材と記事から地元に暮らす人が読んでも必ず何らかの発見ができる、そんな雑誌だ。

創刊号からすでにそうだった。たとえば「角《かく》打ち」の再発見。酒屋の余ったスペースで、商品の酒と簡単なつまみを提供する「角打ち」は、今でこそ注目を集めているが、これを行政が発行するフリーペーパーで大々的に取り上げたのは新鮮だった。

創刊当時、にぎわいづくり企画課で『雲のうえ』創刊に携わった、桑本清さん(現スポーツ振興課所属)はこう語る。

「第一号がすべてだったと思いますね。実際に私たちがイメージしがちな酒場って、美味しいお酒や食事が置いてある洒落たお店だった。でもやっぱり、本当の意味で〝北九州らしい〟お店を取り上げないと、掃いて捨てるほど情報誌が溢れている東京で手に取ってもらえない。そこで、一〇〇軒以上、市内に残っている北九州名物の〝角打ち〟を取り上げようという話になったんです」

角打ちという名物

もともと港湾工業地帯であるこの町では、三交代制の勤務体系があるため、朝に仕事明けの労働者が一杯やりたくても、開いている居酒屋がなかった。そこで、酒屋で呑む「角打ち」のスタイルが普及した。地元の角打ち通、角打ち文化研究会会長の証言によれば、北九州の角打ちには三つの種類がある。

「会社や工場の近くにあるサラリーマン型、競馬場や競艇場の近くにあるギャンブル型、それからコミュニティ型の三つ」（北九州角打ち文化研究会 会長 須藤輝勝さん、『雲のうえ』創刊号より）

取材チームはこの言葉をもとに、市内へ取材に繰り出し、角打ちパラダイス・北九州を再発見した。ここでは、取材チームが市の職員とともに角打ちで呑んでいるときの会話まで掲載されている。市役所の反応も上々だ。

「角打ちが第一号というのも大丈夫かなと思っていたのですが（笑）、できあがったものを見るととても面白くて、市役所の中からも『こういう媒体があってもいいんじゃないの』というコンセンサスが取れた。その後は市の中でも比較的自由にやらせてもらえるようになりました」（桑本さん）

第二号の特集は、北九州各地に点在する「市場」。店先で揚げられる天ぷらや、とある市場の一角で行われている古本市、中には路上に立つ小さな個人の市もあって、〝看板娘〟のおばあちゃんの笑顔が眩しく写っている。派手で大掛かりな催し物ではなく、こうした街場の小さな祝祭空間を取り上げる視点が独特だ。

その後も北九州に住む外国人、地元で歌い継がれている「歌」や「方言」、第二〇号の「集まれば、仲間！」などのように、地元の市民サークルや学生の部活動を取材した特集まで幅広いテーマを扱ってきた。「市」や「方言」、「サークル」などの地元ネタはある意味、実験的な号だと言える。しかし、毎回実験的な特集ばかり組んでいても、「マニアックで尖った媒体」になりかねない。そこで、『雲のうえ』では合間合間に「うどん」や「ラーメン」など、誰が見てもわかりやすく、観光客も手に取りやすい食ネタをはさんでいる。このようなネタならば、安定して地元の人にも観光客にも手に取ってもらえるだろう。このようにメディアを長期的なスパンで見る視点は、行政発行のフリーペーパーとしてはめずらしいと思う。

特集はマニアックなテーマと定番の食べ物ネタを上手に組み合わせている

『雲のうえ』を支える町の組織〝にぎわいづくり懇話会〟

『雲のうえ』を所管しているのは、北九州市産業経済局観光にぎわい部ＭＩＣＥ推進課という市の組織である。当初は市の「にぎわいづくり企画課」が発行元だったのが、途中第三号から、民間の理事を集めて設立された「にぎわいづくり懇話会」という外部機関が発行元になっている。この「にぎわいづくり懇話会」とは民間と行政が共同でまちづくりを行うための組織体で、後述するように、資金集めやネタ集めで『雲のうえ』をバックアップしている。そもそも、「にぎわいづくり懇話会」とはどのような組織なのだろうか。ＭＩＣＥ推進課の職員、白石智也さんはこう語る。

「北九州市で活動する企業や、にぎわいづくりに関わる市民の皆さん方たちを中心として組織されています。懇話会には理事会と企画調整委員会と市民活動推進委員会があります。私たちの所属する北九州市産業経済局ＭＩＣＥ推進課は、この懇話会の事務局というかたちで関わっています」

この懇話会が推進する事業の中に、情報誌『雲のうえ』の発行も含まれていて、肝心の予算も、市の

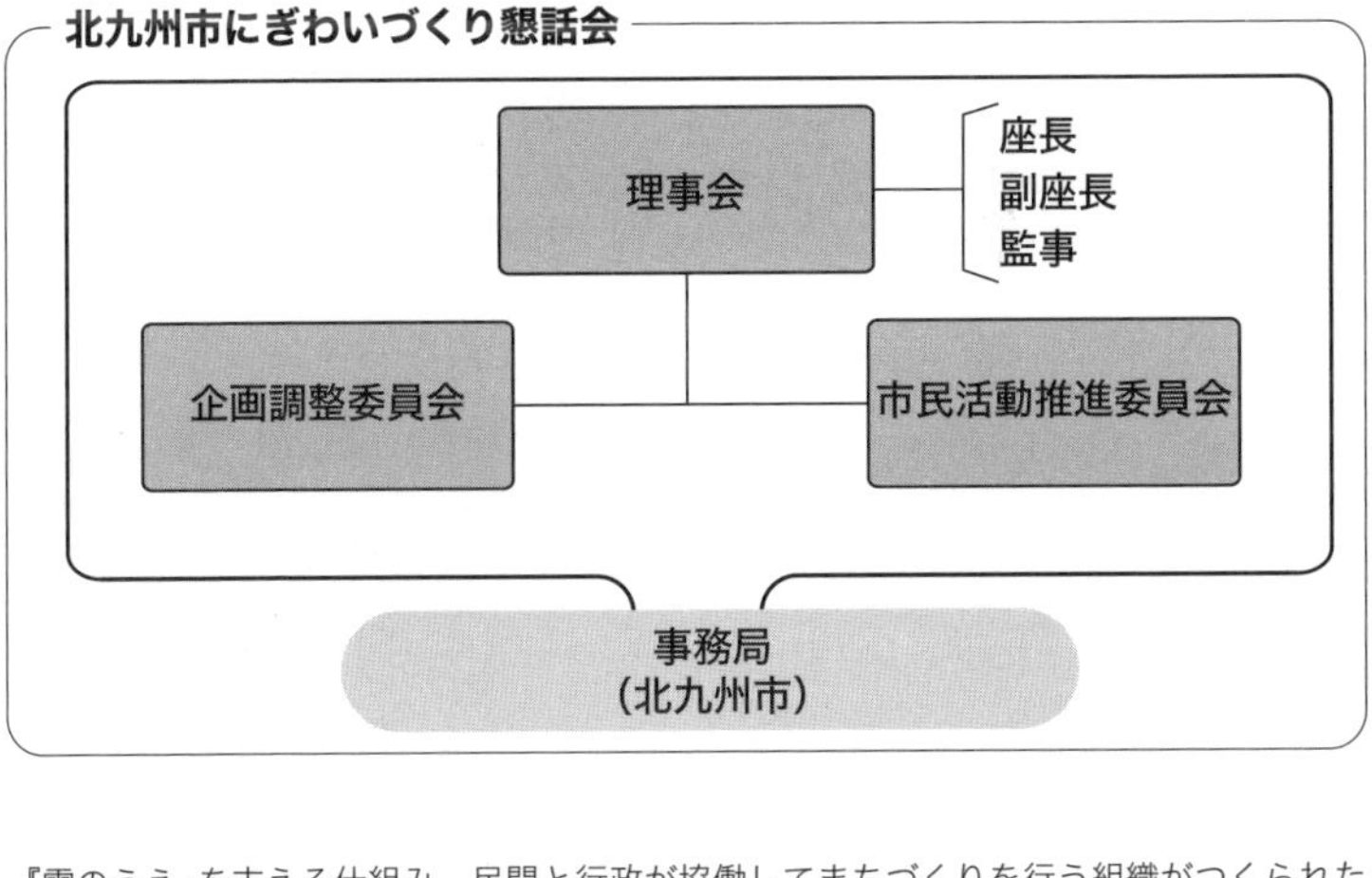

『雲のうえ』を支える仕組み。民間と行政が協働してまちづくりを行う組織がつくられた

補助金と広告収入、そしてこの「にぎわいづくり懇話会」が会員から集めたお金でまかなわれている。

ここに、東京在住のクリエイティブチームが編集委員として加わっている。アートディレクターの有山達也さん、画家の牧野伊三夫《いさお》さん、編集者のつるやももこさんの三名だ。有山達也さんは、『ku:nel』『つるとはな』をはじめとした人気ライフスタイルマガジンのアートディレクションで知られているし、牧野さんは、㈱サン・アド退社後、広告や雑誌、書籍の挿絵や装丁を精力的に行いつつ、生まれ育った郷里の原風景を見直し続ける画家として知られている。第一号から一三号まで編集を担当していた大谷道子さん、八号から現在まで編集を担当しているつるやももこさんも、編集者・ライターとして活躍している。この理想的なプロフェッショナルのチームと北九州市の協働によって『雲のうえ』は生まれたのだ。

東京のクリエイティブチームとの協働

当時、にぎわいづくり企画課にいた桑本さんは創刊の経緯をこう語る。

「その頃ちょうど北九州空港が開港し、飛行機を活用して首都圏向けに情報発信できないだろうかという話が部内で挙がっていました。そこで、まずは北九州という町を知ってもらって、東京からお客さんを呼ぶことを一番のコンセプトにして情報誌をつくろうという話になったんです」

とはいえ、むやみやたらと情報誌をつくっても、感度の高い首都圏の観光客には引っかからない。どこか切り口がユニークでないと北九州の本当の魅力が伝わらない。そこで、外からの視点を持ち込んでくれる、外部の編集委員を迎えようという結論になったという。これは桑本さんの上司であり、行政や民間団体の顧問を多数務め、当時、市役所にこれまた外部から招かれていたプロデューサー・中原蒼二さんの考えだった。

「実際にコンペを開いたのですが、そのときに、経験豊富な制作チームとして牧野さんたちのお名前が挙がり、彼ら東京のクリエイティブチームと、中原さんを含めた市で制作がスタートすることになります。牧野さんは北九州市出身なので、地元のことは昔からよく知ってらっしゃいますし、北九州のことを何とか外の方に伝えたいという思いも強かった。一方、その他の編集委員の方は北九州に来ること自体が初めてだったので、まずは編集委員の皆さんで来ていただいて、市役所と一緒になって町歩きをしてみましょう、というかたちで制作がスタートしました」（桑本さん）

〝読ませる〟フリーペーパーに

『雲のうえ』の特集は地元の〝人〟の人生や考え方にフォーカスした取材記事がベースになっている。さらに、その現場に同席している牧野さんが描いた人物のイラストが、写真よりも多くの人柄を僕たち読者に伝えてくれる。

「観光雑誌のようなものをつくっても、それは消費される情報でしかないじゃないですか。最初の頃はほとんど地図も載せてないんです。小さく連絡先が載っているくらいで。むしろ、文章で町の姿を知って

もらうような媒体にしたかったんです」（桑本さん）

今でこそ、読み応えのあるエッセイが主体となったローカルメディアはめずらしくないが、当時としては新しかった。地元有志が自ら立ち上げたフリーペーパーや雑誌と違って、行政が関わっている。しかも、よくある行政の広報誌と『雲のうえ』が決定的に異なるのは、特集の方向性、文章や写真などの内容面で主体的に制作をリードしているのが行政ではなく、編集委員であることだ。

「私たちも、今までのような情報誌をつくっていても誰も手に取ってくれない、という強い想いがありました。ただ、市の職員は専門家ではないので、どういう媒体をつくればいいかわからない。当時から、外部の専門家に任せましょうという合意がなされていました。その点、編集委員の皆さんの目の付け所とか、文章力には感謝しています。なにげない運動会だとか、平凡な場所が素敵に見えてくるので」（桑本さん）

市と編集委員の良好な関係は脈々と受け継がれている。現在『雲のうえ』を担当するＭＩＣＥ推進課の白石さんはこう語る。

「編集委員から提案される切り口は毎回独特で、どういう内容になるか正直イメージできない部分もあります。しかし、蓋を開けてみると、取り上げた市民の方がテレビに出演することもあって。そんな反響があるので、私たちとしても編集委員の意図をなるべく尊重したいと考えています」

行政とクリエイティブチームがコンセプトをともにつくる

こうして、三か月に一度、年四回発行の『雲のうえ』は誕生した（現在は年二回）。毎号、特集テーマを決めて、リサーチをし、記事をつくっていく。冊子ができあがればすぐに次号のリサーチに取り掛かる。めまぐるしい毎日のなかで、一つ一つの制作プロセスが、市役所の職員にとっては新鮮だった。桑本さんは言う。

「用紙をどうするか、判型をどうするか、といったところも一緒になって考えてくれるんですよ。本棚に並べられるように角背にしようかとか、そういう議論を編集委員と重ねました。私の知らないことばかりで、とても勉強になりましたね。市役所にいると、自分が関わったものがかたちになることってあまりないので、達成感もありました」

それは前例のない大きな仕事なので、やりがいはあるがストレスも多かったことだろう。

「創刊してから数年は、私もほとんど市役所にいないくらい忙しかった（笑）。編集委員の皆さんがやってくると、ロケハンを含めて合宿し、四六時中一緒に行動していました。寝る前まで一緒にいるので、単純に市の担当者と制作者という関係ではなかったですね。毎日喧々諤々と議論をしていたので、もはや一蓮托生のメディアですよ」

市役所の職員という役割を超えて、編集委員と一緒に寝泊まりしながらつくっていく。クライアントと受注者という関係ではなく、一緒になって媒体を考える制作スタイルは、きっと彼らのあいだに、濃密な関係性を育んだに違いない。

誰にどうやって届けるのか？

しかし実際にできあがったら、今度はそれがどんな人に、どのように届けられるかを考えなければならない。当初は航空機の機内誌として構想されていたが、桑本さんの上司の中原さんは、東京ではいろんな情報やモノを扱う古本屋さんが生まれており、その目の肥えたお客さんが手に取れば、より広く『雲のうえ』の魅力が伝わり、話題になるのでは、というアイデアを持っていた。

「どういったコンセプトでつくり、どこに置くかといったことを決める際は、『雲のうえ』プロデューサーの中原さんの力が大きかったです。首都圏の古本屋さんには、いろんな媒体の編集者が集まり、ネットワークもあるので、話題にするうえで効果的な配本場所ではないかと考えたんです。それで、二人で東京の古書店を四〇～五〇軒ほどまわって、設置のお願いをしました。全国の図書館にも送りましたし、電話帳で調べてマスコミにも送りました。もう、紙爆弾みたいに（笑）」（桑本さん）

実際、首都圏のさまざまな場所で、このフリーペーパーを目にしたことのある人は多いだろう。中原さんたちのアイデアは功を奏し、創刊当時から大きな反響を持って迎えられることになる。

「読者から届くはがきや、『うちでも置いてください』という問い合わせが徐々に来るようになって、このメディアを立ち上げてよかったなって思うようになりました。しかもそれが東京だけではなく、京都や

九州、東北などさまざまな場所からあるんです」（桑本さん）

下調べと取材交渉に発揮される行政の地元ネットワーク

では、『雲のうえ』の制作体制や進行スケジュールはどのようになっているのだろうか。

「だいたい、発行日の五か月前に東京で編集会議を行います。そこで決まった特集内容に従って、私たちが現場で情報を集めつつ、編集委員が北九州にやってきて取材を行います。私たちMICE推進課もその他の事業と掛け持ちしているので大変ですが、彼らとともに町を歩くといろんな発見があるのでとても楽しいですよ」（白石さん）

一方、地元の情報を掘り下げるのに重要なのは〝リサーチ（下調べ）〟と〝取材交渉〟だ。東京に住む外部の編集委員だけでは、地元のホットな情報を調べ尽くすのは難しい。そこでMICE推進課は、市役所の職員であるという利点を最大限活かして、この〝リサーチ〟と〝交渉〟を、地元のカウンターパートとしてこなしている。

「約八〇〇〇人の市の職員に、役所内のイントラネットなどを使って『今度こんな企画をやるから情報をください』と投げるんです。すると職員の皆さんがいろんなネタを提供してくれます。『うどん』の特集のときなどは、一〇〇以上の美味しいうどん屋さんの情報が集まりましたよ」（白石さん）

単にお店の場所と名前だけではなく、マスターがこんな人だとか、店構えがこんな感じだとか、エピソードを一言加えてください、とお願いしているという。そうすることで、地元の人だからこそ知っているとっておきの情報が集まってくるのだ。

よくある行政組織は縦割りで、他の部署が行っている事業には関心がなかったり、一緒に同じ事業を進めることは少ない。長いあいだ発行され、市役所の中でも一定の評価があるからこそ、他の職員も率先して『雲のうえ』にネタを提供してくれるのだろう。

よそ者である東京の編集委員では入り込みにくい、地元の施設や史跡への取材交渉もしやすい。白石さんは市役所の職員である利点をこう語る。

「現在（二〇一五年一一月）取材を進めている施設も、世界遺産の関係でしたので、取材や立ち入りの許可などは非常にスムーズでしたね。ほとんど行政が管轄する施設だったので。また、編集委員が北九州にいらっしゃる前に、私たちのほうで直接訪問してお願いすることもしやすいです。『市役所の者です』と言って訪ねれば多くのところは協力してくれますから」

あるいは「にぎわいづくり懇話会」のメンバーに依頼して、地元企業や団体のアポイントを取ってもらうこともできる。

異動が常の行政が雑誌を継続するために必要なこと

このように、編集委員をはじめとして、市の職員もさまざまなかたちで制作に関わっている。認識の行き違いが生まれた場合は、最後の校正の段階に至るまで、お互いに納得がいくまで意見を交わすという。このように、自治体の視点、協力してくれる地元の視点、外部の視点という三つの視点が相まって『雲のうえ』はできあがっているのだ。

そもそも北九州市は五つの市が合併してできた大きな自治体なので、観光やまちづくり部門も年度ごとに大幅に組織改正されることが多く、そのことによって所管する部署が変わるため、その都度、発行物や事業の目的が変わることになる。

「『にぎわいづくり懇話会』の所管も、何度も変わりました。最初はにぎわいづくり企画課が所管しており、次にシティプロモーション部、そしてにぎわい推進課、観光・コンベンション課、そして現在のＭＩＣＥ推進課と、毎年のように変わります」（白石さん）

こうした体制の変化が常態化しているからこそ、行政直轄のフリーペーパーの多くが二〜三年でなくなったり、制作主体がコロコロ変わってしまう。しかし情報誌は、長く発行することではじめて効果が出てくるもの。単年度で成果を判断する行政組織のあり方には、基本的にそぐわない。北九州市の場合だって異動は常だ。だからこそ、『雲のうえ』の場合は編集委員の主体性を尊重し、メディアのカラーを変えずに、自分たちはあくまでバックアップする姿勢を保っているのだ。

「通常、『雲のうえ』を担当する職員は三年周期で異動になるんですが、今年（二〇一五年）は組織改正もあって一年で変わりました。『雲のうえ』担当の職員は私で六人目です。ですから、編集委員の方への対応も不十分になりがちなので、大枠だけ方針を共有して、なるべく彼らに進行を任せるようにしています。あとは頻繁に電話で話したり、東京に出向いてお話ししたりすることで、ズレが生じないように努めています」(白石さん)

フリーペーパーを応援するフリーペーパー

『雲のうえ』の反響は思いもよらないかたちで広がっている。僕が面白いと思ったのは、『雲のうえ』を応援するフリーペーパー『雲のうえのしたで』というまったく別の媒体が生まれたことである。フリーペーパーを応援するフリーペーパーという構図が面白い。フリーのイラストレーターで、『雲のうえのしたで』の発起人である林舞さんに話を聞いた。

「『雲のうえ』を最初に手に取ったのは創刊号の角打ち特集でした。当時の自分はまだ、角打ちを魅力的な文化だと思っていなかったんです。おしゃれな〝外向き〟のお店ではなく、角打ちに目をつけた『雲のうえ』はすごいなと思いました」

もともと林さんは北九州出身で、当時住んでいた京都で『雲のうえ』を手に取った。かつて自分が住んでいた町の、幼少時代に見た馴染み深い光景を、暖かく、それもユニークに切り取る同誌を見て感動したという。

「そのうち福岡に移り住むことになり、北九州は近いので知り合いを通じて編集委員の牧野さんを紹介してもらいました。その頃、ちょうど『雲のうえ』ファンクラブがインターネット上で立ち上がっており、私もできる範囲で応援したいと思って、知人と一緒に『雲のうえのしたで』を立ち上げたんです」

京都にいる頃から、自身でフリーペーパーをつくっていた経験もあり、自分なりの応援の仕方として、紙媒体という手段を選んだのだそうだ。内容は主に、過去の『雲のうえ』で取り上げたお店に取材した記事やマップなど。一枚の紙を二度折り込んだシンプルなデザインながら、牧野さんの手書きの題字を冠して、自ら再取材を行うなど手が込んでいる。林さんたちは現在、『雲のうえ』本誌の編集委員が北九州を訪れた際にイベントを企画したり、彼らがやってくる日には、『雲のうえのしたで』のメンバーも混じって、北九州の酒場に繰り

『雲のうえ』を応援するファンのフリーペーパー『雲のうえのしたで』

出すこともあるそうだ。

〝よそ者〟である東京のクリエイターに混じって、行政や地元の人々が酒を酌み交わす、その中心に『雲のうえ』はある。さまざまなファンに支えられてここまで育てられてきたからこそ、それは人々の〝つながり〟の媒体《メディア》になりつつある。

土地のにおいや陰影は、まだ残っている

編集委員の牧野さんが、『雲のうえ』創刊に際して、コンセプトをわかりやすく述べている。
「かつて司馬遼太郎が歴史小説で、近代国家の草創期であった『楽天的な』日露戦争までの明治時代を、『坂の上の雲』にたとえた。誰もが青い天の雲のみをみつめて坂をのぼった時代をはるか後にして、雲のうえに出た今、ひらけているのはどんな風景なのだろうか。（中略）日々の暮らしや街の表情からみれば、北九州は、方々で急速に消滅しつつある土地のにおいや陰影といったものを、まだ残している。地理や歴史がつくるひときわ濃い風土が、血や肌に熱を感じさせる。他に類のないこの風貌のなかに酸素を送り込み、魅力的な未来を築く方法はないだろうか」（創刊号の編集後記より）
『雲のうえ』は今後も多くの人に愛され続けていくだろう。観光客を流入させるための広報誌という役割を超えて、地域に暮らす人々の日常生活の〝誇り〟を静かに支え、『雲のうえのしたで』のような若い発信者を育てていくに違いない。その本当の成果は十年後、数十年後の先に見えてくるものなのかもしれな

い。まさに、青い空を眺めるだけではいられない時代だからこそ、自らが根ざす地域を雲のうえから眺め返し、またいつか空を見上げられる日のために、ともに、その土地を長い時間をかけて踏み固めていく必要があるだろう。行政と市民、外部のクリエイターという異なるセクターが協働するローカルメディアのモデルとして、『雲のうえ』の今後を見続けていきたい。

2 『La Collina』(滋賀県近江八幡市)

――地元の再発見が愛着と自信を育てる

土地の恵みを大事にする老舗菓子屋

町家が立ち並ぶ滋賀県近江八幡市。ここに、今や全国に店舗を構えながらこの地に根ざす老舗菓子屋の「たねや」と、洋菓子「クラブハリエ」がある。芝が一面に生える大屋根と手塗りの土壁が独特な「ラ コリーナ近江八幡〈メインショップ〉(La Collina は〝丘〟という意味)」を二〇一五年にオープンして以来、連日観光客を集めている一風変わった企業だ。この建物は建築史家にして建築家の藤森照信氏が設計している。素材や工法を知り尽くした藤森氏の建築は天井や壁に独特な表情を生み、訪れる人の心を落ち着かせる。ここでは、たねややクラブハリエの商品を購入したり、二階のカフェで喫茶(お茶)を楽しむことができる。

建物の裏手に回ると、多種多様な山野草の光景が広がっている。その草花は全国の店舗を飾るために栽培されているものだ。自社で管理する水田では米を育てていて、これらの活動は、同社が力を入れる「たねや農藝」という事業に集約されている。

「将来的にはこの一帯が森になり、小さな専門ショップを複数点在させて、訪れるたびに新しい発見がある、そんな光景を生み出したいですね」（たねやグループ広報部・田中朝子さん）

CSR（企業の社会的責任）ともサイドビジネスともちょっと違う、利益に直接結びつきそうもない事業を多数展開するたねやグループ。なぜこれほど多様な取り組みに力を入れるのだろうか。

「企業として、自分たちのルーツを大事にしないと存在価値はない、という理念を持ってやっています。たねやはもともと種を扱っていたから『たねや』なんですね。江戸時代には材木を扱っていて、その後に業種替えで種を扱うようになりました。植物の種とか、野菜の種とか。そこから今の菓子屋になったのです。けれど、お菓子であっても、すべての食べ物は元を辿れば種に行き着きます。土地の恵

「ラ コリーナ近江八幡〈メインショップ〉」の裏手にあるビニールハウス（著者撮影）

1872年創業の「たねや」（著者撮影）

みを大事にしなければならないんです」（同）

理念を冊子に『La Collina』

その理念は、同社が発行する広報誌『La Collina』にも表れている。

B５判・四八ページ・フルカラー。発行部数は現在九万部（第七号）で年二回発行。全国のデパートに出店しているショップや滋賀県内の路面店に置かれ、誰でも気軽に手に取れるフリー冊子だ。由来はもちろん、今、森の拠点づくりや畑づくりが進行中の「ラ コリーナ近江八幡」から来ている。

滋賀県出身で国際的に活躍する写真家・川内倫子《りんこ》さんらの撮り下ろし写真に、この町に根づくお年寄りやたねやにゆかりのある人々のインタビュー記事がそっと添えられる。まるで一冊

建築家・藤森照信氏設計の「ラ コリーナ近江八幡〈メインショップ〉」。大きな芝屋根の下に廻廊がめぐっている（提供：たねや）

近江八幡の魅力を伝えることが、広報誌『La Collina』の使命。1号つくるのに1～1年半かけている

の写真集のように静謐な趣がある。

それにしても、商品の紹介をメインコンテンツとしない広報誌は潔い。

「『La Collina』の前身は、『鄙美《ひなび》』というフリー冊子でした。『鄙美』という タイトルには、京都の雅《みやび》に対して、田舎の良さを伝えたいという意味が込められています」(田中さん)

『鄙美』は主に、地元の人々の暮らしや土地の魅力をストーリー仕立てで魅せていく内容のものだった。町の魅力を内外に伝えることが、地元企業の務めであり、町のブランド力を高めることができれば、巡り巡って企業のブランド価値も上がるというのが、『鄙美』から現在に至るまでの、基本的なたねやの広報戦略だ。

『La Collina』の前身『鄙美』

「どちらかというと、滋賀県って通り過ぎる場所なんですよ(笑)。東京や名古屋からお越しになっても、京都や大阪にいく通過点にしかなっていなくて、一歩足を止めてもらえるようにしたかったんです。ただ、単なる町歩きガイドになってしまうと読み捨てられてしまうので、長く残してもらえるものをつくりたかったんです」(同)

わざわざ宣伝しなくてもいいんじゃないか

たねやグループは一〇年ほど前まで、顧客層にリーチしそうな婦人雑誌や菓子専門誌、航空大手の機内誌などに広告を出稿していた。新幹線の駅にも大きな看板を出していたという。

「広告掲載を続けるなかで、果たしてそれが商品のPRになるのか、はたまた地域貢献に結びつくのか、どちらも本当のところはわかりませんでした。さらに、広告費も毎年それなりの額になっていましたから、『わざわざ宣伝しなくてもいいんじゃないか』と考えて、ほぼすべての広告をやめました。その予算をもっと別のかたちで使おうと。それで広報誌を出すという方針に変わったんです」(田中さん)

最初につくったのは、地元にある日牟禮《ひむれ》八幡宮の境内に開いたアンテナショップ「日牟禮ヴィレッジ」を告知するフリー冊子だった。これは今の『La Collina』と違い、商品カタログと読み物ページを抱き合わせ、商品の販促も兼ねたいわゆる〝宣伝媒体〟だ。

「これを一〇年ほど発行して、日牟禮ヴィレッジの知名度もある程度出てきたから、今度は社長が『商品カタログと差別化した媒体をつくりたい』と。カタログはどちらかというとそのときに売り出し中の商品を紹介するものなので、賞味期限があります。せっかく良質な記事を載せても商品が古くなれば捨てられる運命にありますから」(同)

こうして、フリーペーパーと商品カタログを別に印刷・発行するスタイルが定着した。それは『鄙美』、そして『La Collina』に至る現在まで踏襲されている。

編集者と写真家は東京の人

『鄙美』から『La Collina』にリニューアルするタイミングで、たねや広報部は編集体制の刷新に取り掛かった。たねやが重視したのは、「たねやグループの姿勢や方向性を的確に捉えて、外部の視点で町の魅力を掘り起こす編集者を入れること」だった。田中さんは言う。

「『近江にはこんないいところがあるんだ』とか、『どこか懐かしい気持ちになるなぁ』とか、地元の再発見につながるものにしたいというのがまずありました。そして、県外の方には、近江はこんなにいい場所なんだよって知ってもらう。そのためには、外の人の視点でこの町の魅力を発見してもらう必要がありました」

そこで白羽の矢が立ったのが、東京で活動する信陽堂編集室の丹治《たんじ》史彦《ふみひこ》さんと井上美佳さんである。

『La Collina』の誌面。川内倫子さんの写真が放つメッセージを大事にしている

写真家の川内さんは、信陽堂の二人に紹介された。丹治さんは当時を振り返りこう語る。

「スタートの際、たねやの社長から言われたことが二つあります。一つは、『たねやの宣伝はしなくていい』ということ。もう一つは、『うちは地元の滋賀県に多数店舗を出店しているから、県内のお客さんがほとんど。その人たちに向けて、土地に対する愛着や自信を持てるような媒体にしてほしい』と」

こうして第一号の制作に着手するのだが、「どのような体裁で、どんなコンテンツを入れるか」という基本的な媒体の方向性を編集室の二人は考えた。

「創刊号で川内さんに写真撮影の快諾をいただいた時点で、いわゆるテキストがあって参考写真があって、というエディトリアルな方向ではないだろうと。言葉ではなく、写真自体が語るメッセージ性をメインに押し出していこうと考えました。実際ビジュアル中心にしてよかったなと思うのは、たとえば言葉で滋賀の数百年の歴史を掘り起こしたとしても、なかなか興味を持ってもらえない。ところが綺麗な風景や魅力的な人が出てくると、それが誰なのかわからなくても、感覚的に大づかみに、『これ、うちの地元。いいでしょ？』って言えると思うんですね。頭で考えずにすっと入ってくるのがいいと思いました」（丹治さん）

創刊号の方向性が決まった段階で、東京の制作チームの丹治さん、井上さん、そしてデザイナーの関宙《せきひろ》明《あき》さん、川内さんの四名でまず、近江八幡を訪れることに。丹治さんも井上さんも、この町に縁があるわけじゃない。井上さんに至っては、滋賀県に降りること自体が初めてだった。そもそも外部の視点で町の魅力を掘り起こす、とはどういうことなのか。毎回交通費も滞在費もかかる、遠隔の編集作業は効率が悪いようにも思える。

「回り道をしてつくっているように見えますけれど、やってみてよかったのは、私たち自身が、まずこの町を新鮮な目で見れること。もし関西に住んでいたら、滋賀や近江八幡に先入観を持っていて、企業の立ち位置もなんとなくわかるから、ちょっと違った内容になっていたと思うんです。川内さん以外ほぼ全員が知らない土地を取材するので、目が止まる場所がたねやの皆さんとはまったく違うんです。そのすり合わせをしていく作業も刺激的だし、特集内容にも広がりが生まれるんです」(井上さん)

東京のスタッフが現地を訪れるのも、月に二〜四回とかなり多い。Googleカレンダーで共有したメインスタッフの日程を睨みながら予定を決めていく。調整は難しいが、この町にみんなで揃って、次号の内容を検討しながらそぞろ歩きするのが何よりも楽しいのだという。

「通ううちに顔見知りも増えていき、車を運転しているとすれ違ったり、地元の食堂でお昼を食べていると、隣に座ったのが前の号に登場いただいた方だったり。『また来てるのかぁ』って話しかけられるのが嬉しいですね」(丹治さん)

店頭で直接手渡すための冊子

「制作費はかかりますが、弊社は店舗の建物や内装もしかり、見た目のクオリティにも手を抜きたくないんですね。『本物、本質を極める』と社長も言っていますが、中途半端なものになってはいけないと思うんです。少しでも費用を抑えようと考えると、薄っぺらいものにしかならない。〝かっこいい〟っていう言い方は違うかもしれないけれど、芸術性の高いものをつくらなければ、この町を魅力的に伝えることはできませんから」（田中さん）

この本質を極めるというたねやの哲学は、グループ全体に浸透しているようだ。実際、たねやでは独自の企業哲学を込めた、和綴じの印象的な〝バイブル〟を社員全員に配っているという。丹治さんはこんなエピソードを紹介してくれた。

「誌面でもたびたび取り上げてるんですが、工場の取材に行くと、編集者の習い性で、取材の前に撮影していい場所、ダメな場所をお聞きするのですが、製造部長は『見せてはいけないところはありません』と言うんです。企業秘密だとか、設備が古くて見せたくないところとか、普通はあるじゃないですか。隠すところが一切ない。さらに、たねやさんってマニュアルがないそうなん

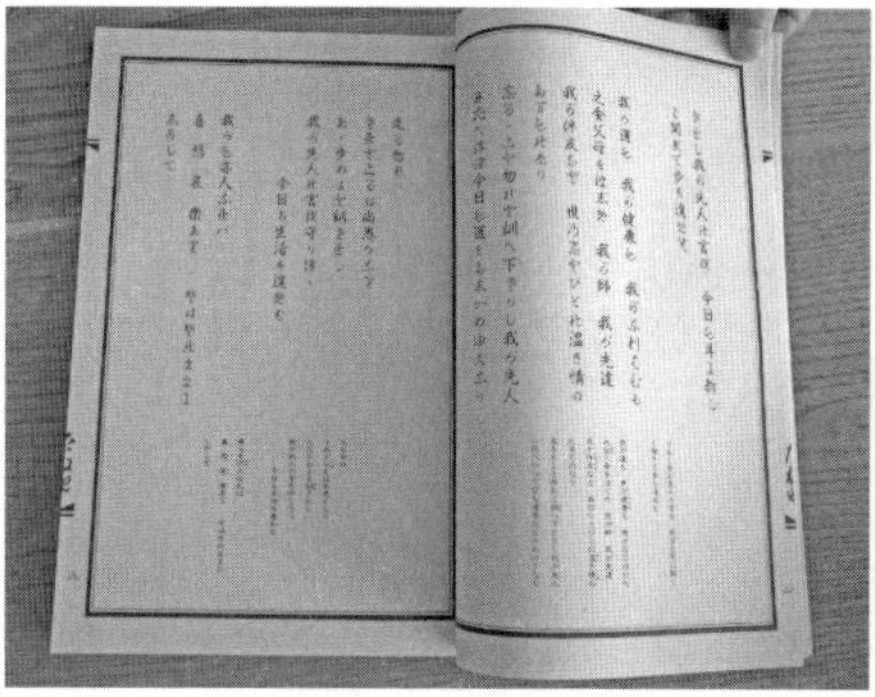

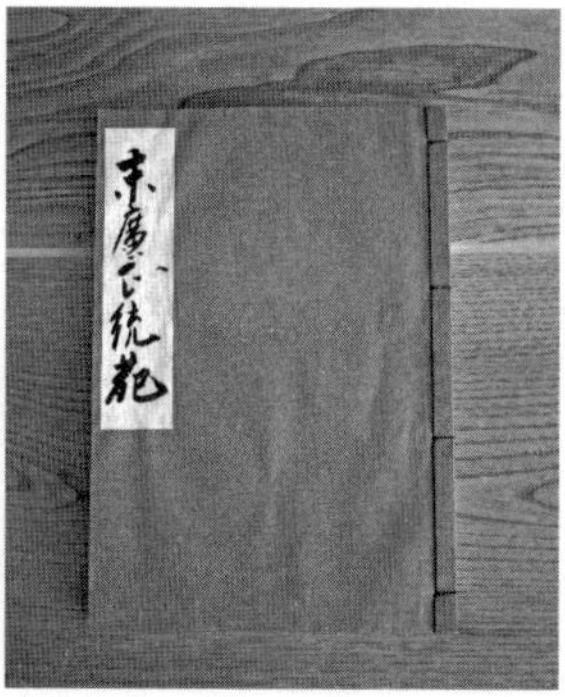

たねやグループの哲学が込められた“バイブル”、『末廣正統苑』。「末広がりに、正しい道を歩み続ける苑＝園＝企業」という意味だそう（2点とも著者撮影）

です。にもかかわらず、社員の皆さんの意識が高く、一貫している。自分で考えさせ、わからないところは徹底的にコミュニケーションで解消する。つまり、手間暇を惜しまないんですよ。ものづくりにおいても人間関係においても」（丹治さん）

こうした企業風土が根づいているからこそ、広報誌はどういう価値を持つか、社内のその他の事業と比べて、どういう位置づけにあるかということについて、曖昧には考えていない。

「それなりの部数を刷っているので、僕たちで数百部お預かりして、都内のカフェやフリーペーパーを置いているショップに配布をしましょうか、と提案したんですが、社長のＯＫが出ませんでした。これは店頭に置かれ、お客さんとスタッフが『今回の特集はなんですか？』とか、『綺麗な場所ですね』と会話をするためのツールなのだと。フリーだからいろんなところに置いて、宣伝につながればいいとは思っていないんです」（同）

一号に一年半かける取材

『La Collina』の編集作業は基本的に毎回、制作チームから取材の方向性を提案し、その方向性に従ってリサーチし、田中さんをはじめとしたたねやの社員からの情報も合わせて具体的な取材先を絞りこむ、という流れになっている。

「紹介された方に一度お会いしてお話を伺って、『この人はみんなに慕われていて、昔のこともよく知っ

ている』とわかったら、何度も通いつめます。そこで伺った話から、今度は特集テーマが決まっていくんです」（丹治さん）

本誌で何度も取り上げられているとおり、近江八幡は祭りの盛んな地域。季節ごとにさまざまな伝統的な祭りが催されているので、特集も祭りにちなんだものが多い。

「左義長《さぎちょう》まつりというお祭りが三月中旬にあって、翌月の四月にも巨大な松明を焚きあげる八幡まつりがあります。こういう祭りがあるところは、地元の方々の結束力も強い。お祭りを取り上げる際は、事前に長い時間をかけてリサーチします。さらに、社長や社員の多くは地元出身なので、彼らからネタをもらったり、アドバイスをいただくこともあります」（田中さん）

とはいえ、一つの祭りを取り上げるのに、祭りの当日に写真を撮って終わりにしない。何度も通って、そのバックボーンを調べ上げ、地元の人との〝関係性からつくる〟ことを重視している。

「たとえば秋祭りがあって、春祭りがあって、テーマとしても、刊行ペースからしてもその二つの祭りのコア期間に集中して取材すれば成立するのかもしれないけど、祭りのない期間に、地元の方が何をしているのかを知りたい。その間、何度か通っていると、秋祭りのときは見物しているだけだったのが、春祭りになると顔が割れているので『一緒に呑もうや』と声をかけてもらえたりします」（丹治さん）

東京と滋賀という距離の問題があるにもかかわらず、率先して積極的に通いつめるから、その関係性の深さが誌面に滲み出すのだ。

「一号特集を組むのに、トータルで約三〇日、現地で張りついてもらっています。一回話を聞いただけでは出てこないストーリーを掘り起こしているので」(田中さん)

一号つくるのにだいたい一年半の時間をかけて取材を進める。写真家の川内さんをはじめ、スタッフ全員が何度も現地に通い、写真を撮らせてもらって、わずか二四ページの特集に凝縮する。事前にコンテはつくらず、デザイナーの事務所に撮ってきた写真を並べて、ああでもない、こうでもないと丸一日話し合いながらセレクトする。写真の構成が決まったら、写真に添えるエピソードを決め、レイアウトを始め、ようやくできあがる。

編集長はたねや広報部の田中さん

企業の制作物の場合、外部の編集スタッフがプロのチームで、社内の担当者が素人、ということはよくある。お金を出すクライアントと、技術を提供する編集部の力関係が時に難しい。しかし、『La Collina』の場合は、広報部の田中さんがすでに『鄙美』でメディアづくりのノウハウをあらかた習得していた。

「田中さんに『編集長になってください』とお願いしたんです。編集部を社内につくってほしい、と。発注する側、される側という関係ではなく、一緒につくっていくことを一番重視しました。実際に動くのは私たちですけれど、編集長の意見がちゃんと反映されているべきです。受注してから仕上がるまで、クライアントの意向を確認する機会はできるだけ多い方がいいですよね。一体感を保つためにも、頻繁に連絡

を取り合って細かいところまで一緒に考えるようにしています」（丹治さん）

編集長である田中さんが、社内の意見を取りまとめて、それを制作チームに伝える。制作チームは特集のテーマや全体の構成を練り、田中さんとともに社長の決裁を受ける。つまり、田中さんが両者のあいだに立って予算や内容の調整をしてくれている。

社内と制作スタッフのコミュニケーションを促進するツールとして、社内向けのニュースペーパーもつくっている。丹治さんは語る。

「『La Collina 便り』という、月に一回発行するA４版ＰＤＦの新聞をつくりましょうと提案しました。これはウェブ上の社内用インフォメーションで社員全員に配信したり、掲示板に貼りだしてもらう、社内向けの媒体です。『今こういう人に取材しています』だとか、『何かいいネタがあれば教えてください』ということを毎回報告します。すると、社員さんも媒体づくりに参加することができますよね」

『La Collina 便り』は丹治さんと田中さんが分担して執筆する。この原稿のやりとりによって、田中さんと丹治さんたちのあいだで価値観も共有されていく。

「これでアタリをつけるといったらおかしいですけれど、テーマの掘り下げ方、角度や方向性などを僕のほうから小出しに提案して、行き過ぎているのか受け入れられるのか、企業風土に合うのかどうかなど、すり合わせている側面もあります。社員の方々に納得してもらって出さないと意味がないですし、価値観が独善的になるのはよくないですから」（丹治さん）

地域に長く根づく広報誌

さらに、たねやには「NPO法人 たねや近江文庫」という部署が存在し、地元の郷土資料や歴史・文化などに詳しいスタッフがいる。彼らが『La Collina』で取り上げるテーマの裏付けをきちっと取っている。

「近江文庫には非常にお世話になっています。知恵袋みたいな人たちなんです」(井上さん)

「お菓子の名前一つつけるにしても、やっぱり裏付けが必要。近江は歴史的な背景もあるし、私たちの知らないことが多いので、専門のスタッフを育成するメリットは大きいんです」(田中さん)

年二回発行という、ゆったりとしたペースだからこそ、次号、次々号まで特集テーマを決め、台割を組み、スケジュールを調整して取材し、ページを埋めていく……といった〝流れ作業〟にならない。時間をかければかけるほど、どんどん内容はブラッシュアップされ、一年あまりでこつこつ集めたエピソードが二四ページという限られた容器に凝縮される。

「もちろん、泣く泣く落とすものもたくさんありますけどね(笑)」(井上さん)

「手間暇を考えない」からこそ、また制作チームと企業のあいだに信頼関係があるからこそ、成立する制作スタイルだ。

こうして七号(二〇一六年三月)を数えるまでになった『La Collina』は、口コミで話題となり、取材を受ける機会も増えてきた。今では全国各地のたねやの店舗でこれを手に取ったお客さんから、「バックナンバーをください」という問い合わせもよくあるという。通常、フリーペーパーは安価な中綴じが多いが、この『La Collina』に至っては本棚に立てても倒れない、角背の平綴じになっている。手に取って、持って帰っても、捨てずに取っておきたくなる造本からも、同社がこの媒体を、その時期限りの広報物として使い捨てるのではなく、「長く残しておきたい」と考えているのがよく伝わってくる。

メディアには大きく分けて二つの役割がある。一つは、ある理念を、できるだけ広げること。もう一つは、ある理念を定着させ、長く残すこと、である。この二つの方向性は一つに交わりにくい。たねやの場合は、長く残るほうを選んだ。持続的な地元密着企業の選択は、数年後、数十年後に大きな成果として結実するはずだ。

3　『せとうち暮らし』（香川県高松市）

――クリエイターがつながり、応援する人がいて、メディアが成長する

香川発、瀬戸内全域を巻き込んだ雑誌

香川発の雑誌『せとうち暮らし』は瀬戸内海の多様な群島文化を紹介するメディアとして注目を集めている。「瀬戸内国際芸術祭」など、近年文化イベントが多数行われ、国内外から観光客を集める瀬戸内海地域だが、一言で瀬戸内と言っても、島々の数は全部で七二七にのぼる。瀬戸内海に面している中国地方や四国の陸地も入ってくる。総編集長の小西智都子さんに、なぜこの雑誌を始めたのか、香川県高松市内にある事務所で話を聞いた。

「私はもともと、地元新聞社で生活情報紙のデザインの仕事に携わっていました。退職後はフリーランスのデザイナーとして活動する一方、ＴＭＯ（Town Management Organization）にも参画していて、半分

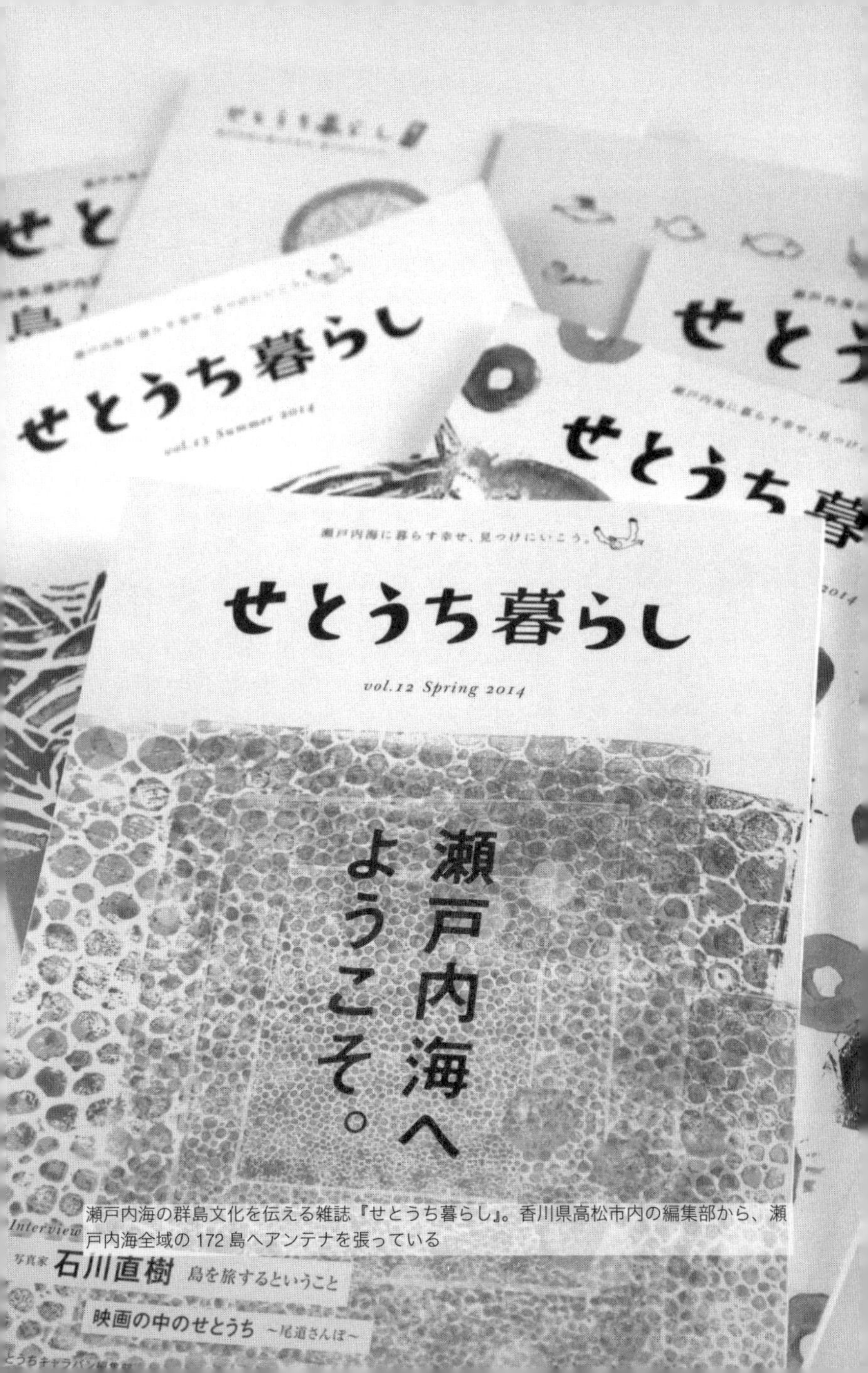

瀬戸内海の群島文化を伝える雑誌『せとうち暮らし』。香川県高松市内の編集部から、瀬戸内海全域の 172 島へアンテナを張っている

は紙モノのデザインの仕事をしつつ、半分はまちづくりのお手伝いをしていました」

小西さんはそこで、地元商店街の活性化を考える任意団体「まちづくりラボラトリー」を立ち上げた。メンバーは行政の都市計画の担当者、大学教授、不動産業者、考古学者、広告代理店などさまざま。月一回ゲストを招いて交流サロンをやりながら、空き店舗をリノベーションしてアジトをつくったり、商店街をジャックしてイベントを行ったりしていた。

地元有志、かつ三〇代で働き盛りのメンバーが、それぞれの現場の意見を持ち寄って議論する「まちラボ」の提案は、行政に対しても一定程度の発言力を持つようになった。そんななか、「まちラボ」が高松市に提言したプランを機に、小西さんは「瀬戸内ＩＪＵトラベルネット」という任意団体を立ち上げ、高松市と香川県の移住促進事業を受託することになった。

「まず、一年くらいかけて実態調査を行いました。ちょうど全国の市町村が移住促進に取り組み始めた頃で、じゃあ高松は何を売りにするかということが議論されていました。定年を迎える団塊世代で田舎暮らしがブームになり始めていましたけれど、高松って田舎でもなければ、都会でもない。さらに、香川県は全国で一番小さな県ですから、土地がなく一次産業が弱い。だったらサービス業などのソフト産業を強化できる人材を集めてはとプランを練りました。首都圏で高松市に関するヒアリングをしてみると、高松よりもむしろ直島とか小豆島のほうが人気がある。それも、いわゆるシニアではなく若者、アートやクリエイティブに興味がある世代に人気があるのがわかってきました」

自分の言葉で発信し、活動する市民が生まれた

小西さんたちが、県内外の若者向けに瀬戸内海の離島の魅力を伝えるメディアとして構想したのが『せとうち暮らし』だった。

彼女らが感じていたこと、「一次産業ではなく、サービス業などのソフトで地域振興を」という視点は地元行政の方針とも合致していた。多くの観光客を動員している瀬戸内国際芸術祭をはじめ、アートで地域振興をめざす県や市の方針も、地域の魅力を若者に伝え、呼び寄せたいという事情があったようだ。

「すでに直島は現代アートの聖地としてブランドになっていたし、香川県庁舎など丹下健三のモダニズム建築も注目され始め、クリエイティブな人材に移住を働きかける土壌が整ってきていたんでしょうね」

当時は紙だけではなく『せとうちチャンネル』というウェブマガジンも運用していた。

「たとえばカメラ女子の『せとうち写真部』というチャンネル、自転車の町・高松の『チャリンコチャンネル』というのもあった。つまりローカルの暮らしが見えるサークル活動ですね。当時一五チャンネルくらいあったかな。地元の人がそれぞれ自分のチャンネルを持って発信し、それが雑誌の連載につながっていったんです」

『せとうちチャンネル』のサービスは、つたないながらも、自分のメディアを持ち、自らの言葉で発信し、活動する市民を増やしていった。そして、試行錯誤しながら、『せとうち暮らし』を育てていった。

地域から書き手が生まれる

創刊当時から関わってきたメンバーには個性的な人が多い。次第に、もともとプロの書き手でなくても、『せとうち暮らし』に連載を続けるうちに活躍する人も現れてきた。

「今まで『せとうち暮らし』から著者としてデビューした人が三人いるんです。黒島慶子さんという醤油ソムリエは今年の春に醤油本を出しました。カメラマンの宮脇慎太郎さんは写真集を出しました。まちラボの初期メンバーだった谷益美さんもコーチングに関する本を出して二万部も売れたんですよ。育てるというとおこがましいけれど、腕を磨き、発表する場があるからこそ新しい書き手が生まれるんだと思います」

限られたリソースしかないと思われていた地域に、こうしてクリエイティブな人材が育ってくる。高松には他にも『IKUNAS』というライフスタイルマガジンがあるし、先述の「食べる通信リーグ」に参加する『四国食べる通信』もあって、今やソフトをつくるクリエイティブな人たちが集まる町、というイメージが定着してきているように思う。にわとりが先か、たまごが先か。人材があるからメディアが生まれる。またメディアがあるからこそ人材が育つ。

「地方には商業出版社が少ない。香川もかつては新聞社の中に出版事業部があったり、タウン誌の中に本をつくる部署がありましたが、バブル以降は全部ダメになって。そうなると書き手が育たない。それは地域にとって単に出版機能がなくなる以上に大きなダメージです。地元の書き手を育てないと、本当の意味で地方出版は根づかないんじゃないかと思っています」

クリエイターどうしの広域なつながり

小西さんは香川県以外のクリエイターとのつながりも深い。高松だけでやろうと思うと人材に限りがある。しかし、四国全体に目をやると、クリエイターの数は意外と多かった。

「デザイナーは高知が圧倒的に多い。ライターは愛媛が多い。徳島はウェブ関係の人材が多い、という風に、なんとなく地域性があるんですよね」

こんな〝地域感覚〟が持てるほどネットワークが育っていた。

そういえば、高知には「一次産業×デザイン＝風景」をモットーに活躍するデザイナー梅原真さんがいる。彼が火つけ役となり、一次産業にデザインを掛け合わすクリエイターが根づいているのだろうか。愛媛は夏目漱石や正岡子規など文人にゆかりがあり、市内いたるところに「俳句ポスト」が置かれるほど文学に力を入れているし、タウン誌を専門にメディア事業を展開するエス・ピー・シーという会社もある。それでライターが多いのだろうか。

ゆるやかに広く人材を探り、貪欲につながり、場合によっては育てていくことが地方でメディアをつくるうえでは重要そうだ。小西さんのように、新たな才能の発掘を楽しめたらなお面白い。

知られざる瀬戸内海一七二島

こうやって日々、瀬戸内海の島々を取材している小西さんたちは、島々の情報に自然と詳しくなった。

「瀬戸内海と一言で言っても、エリアによって島の様子も文化も異なります。たとえば、『村上海賊』が活躍した芸予《げいよ》諸島は比較的島同士が近くて大きく、しまなみ海道を起点に島ごとに主要産業がある。それに対して備讃瀬戸《びさんせと》と呼ばれる岡山と香川のあいだは島が小さくポツポツと点在している。山口と愛媛のあいだに横たわる防予《ぼうよ》諸島へ行くと海の色も変わるし九州の色合いが濃くなります」

毎号、それぞれの離島を取り上げているうち、小西さんは、島のリアルな生活の情報が、陸側には十分に伝えられていなかったことに気づく。香川県だけでも有人島が二四もあり、高松港からは毎日数多くのフェリーが出ているにもかかわらず、離島の生活を陸の人々が知る手立てがなかったのだ。ここに、『せとうち暮らし』というメディアの存在価値があると小西さんは実感するようになっていた。

「最初は香川県の有人島二四島だけが対象でしたが、今では瀬戸内海全域の約一五〇の有人島が私たちの〝フィールド〟です。島の人に話を聞いているうちに、島ごとに特色があり、面白い場所がある、豊かな生活がある、と気づきました。でもそれが陸側には伝わっていないんです。もっと知ってもらいたいですね」

高松港のフェリーターミナルを訪れると、まるで品川駅や東京駅で乗り換えを行うような感覚で、多くの人々がフェリーを利用している。陸から島への航路は一対一ではなく、一対多。そして、その先にある島々の文化はまったく異なる。ある意味、空港の国際線ターミナルにいるようなものだ。

「南のほうまで行くと、大陸の文化が色濃く残っていたりもします。韓国や朝鮮にゆかりがある話を聞いたりもします。文化の違いが顕著に現れるのは〝祭り〟ですね。衣装も、太鼓のリズムも、日本の祭りとは思えない。もっとエキゾチックなんです。

島によっては、『うちは信号が一つもない』って自慢する人もいます。人の数より牛の数が多いところもあるし。島の面白さって、文化が本当に違うところですね」

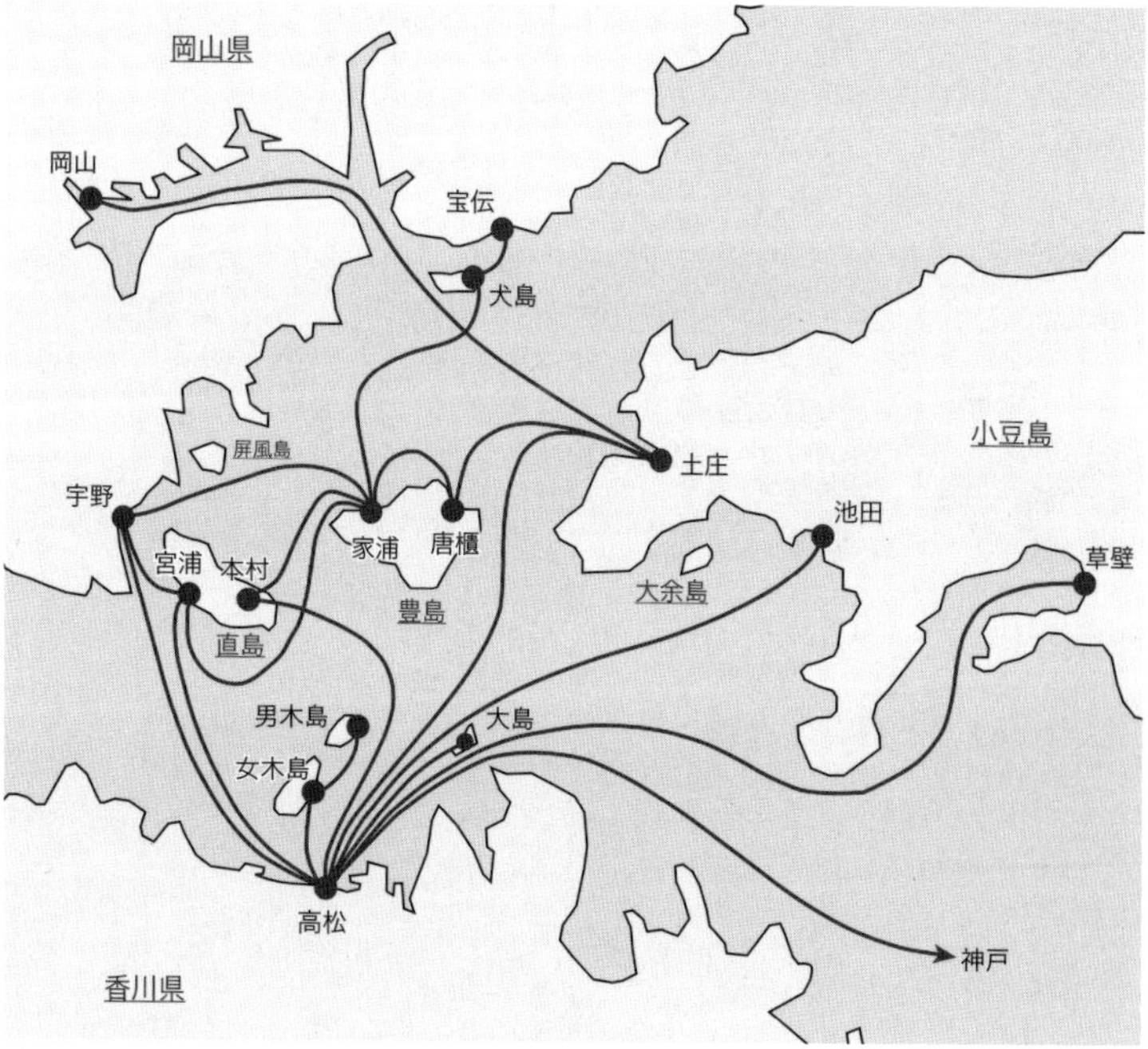

高松・岡山間だけでもいくつもの航路がある

応援してくれる地元の人たち

移住促進のために始まった『せとうち暮らし』だったが、委託事業の終了とともに、瀬戸内の島と陸をつなぐ雑誌としてリニューアル創刊。小西さん自ら「ROOTS BOOKS」という個人出版社を立ち上げ、書籍コードを取得し、全国の一般書店にも卸すようになった。

現在『せとうち暮らし』編集部がある事務所には、もう一つ別の出版社「サウダージ・ブックス」が同居している。もともと神奈川でスタートし、その後、香川県の小豆島に拠点を移して活動している。いわば、ローカル出版社とローカル雑誌社の編集部が一つの場所で机を並べているのである。

『せとうち暮らし』は私が一人で発行してきた雑誌だったのですが、小豆島ヘルシーランド株式会社というオリーブ会社の相談役である柳生好彦さんが

瀬戸内海の島々と陸をフェリーがつないでいる（著者撮影）

『いいことをしているから安定供給できる体制をつくりなさい』と支援してくれたんです。そのヘルシーランドの中に、サウダージ・ブックスの淺野卓夫さんと、東京の出版社からIターンで同社に転職した現編集長の須鼻美緒さんがいました。もともとフリーランスのコピーライターだった『せとうち暮らし』副編集長の山本政子さんと、この二人の編集経験者が加わるかたちで、ジョイント・カンパニーの出版社『株式会社瀬戸内人』を立ち上げたんです（ここに『せとうち暮らし』編集部とサウダージ・ブックスが同居する）」

企業の投資のかたちとして、お金だけではなく人材＝ノウハウを提供するというのが面白い。メディアづくりで蔑ろにされがちなのは、編集やライティングをはじめとした〝目に見えない〟スキルである。地元のリソースに、外から来た編集経験者が加わることで、メディアづくりの体制が強化される。

また、スポンサーの存在は、やはりありがたい。

「『せとうち暮らし』はずっと広告を載せずに発行してきたのですが、実は一社だけずっとサポートしてくれている企業があるんです。株式会社菅組という地元の工務店さんで、買い取った分にだけ広告を入れて、県内の美容院やカフェや病院などに無料で献本してくれ

ROOTS BOOKS 時代の『せとうち暮らし』編集部（著者撮影）

ていたんです。この献本された本を小豆島の歯医者さんで偶然見つけたのが柳生相談役だったというわけです。このように、応援してくださる方々のお陰で、何とか今までやってこれました」

かたちを変えながら成長するローカルメディア

もともと香川のまちづくりを考える事業の一環で始めた『せとうち暮らし』だが、メディアづくり自体が主たる活動となり、その後少しずつ取り上げるフィールドを広げ、地元企業からの支援も得て現在のような瀬戸内の島々すべてをカバーする雑誌のコンセプトが整った。地域の実情やニーズ、課題に即しながら、自然発生的にかたちづくられたローカルメディア。こうやって〝育て、育てられて大きくなる〟メディアが地方には似合っている。

「よく地方にはよいものがいっぱいあるっていうけれど、ちゃんと磨かないとよいものにはならない。これは知人の言葉ですけれど、都会にあるものが横綱クラスだとすると、地方には横綱がいない。でも小結くらいならいっぱいいる。もしくはまだ幕下のものならもっとある。地方で横綱クラスのコンテンツを生み出していくには、切り口を変えるか、数を集めるか、伝える側にも何らかの工夫が必要だと思います」

移動する編集部

ローカルメディアだからこそ、その対象に密着して取材を行うことができる。たとえば、何日も一つの島に泊まり込んだり、島と島を横断した特集を組むこともできる。『せとうち暮らし』にはこれまでに「せとうちキャラバン編集部」と題して、編集部自ら誌面に登場し、ドキュメントするコーナーもあった。

「もともと『せとうち暮らし』は、常時一〇人くらいの体制で動いていたのですが、いきなり取材から入らず、島にみんなで遊びにいく、というスタンスでした。何人かで行ったほうが楽しいし、一緒に現地を歩きながらコンテンツを決めていったほうが面白いと思ったんです」

海に隔絶された島にはそれぞれ独自の文化があり、島民とのやりとりも、地元の風土に合わせる必要がある。小西さん曰く「移動距離ではなく、価値観の距離が遠い」のだ。だから、まずはみんなで乗り込んで、丸一日ノープランで島を巡る。そしてその日の夜に、それぞれ聞き込んだ島の情報を持ち寄って、初めて編集会議を行う。いわば〝移動する編集部〟である。

「島の多くは観光地化されておらず、お店が一軒もないところや、下手すると公衆トイレすらない島もある。取材するにもいきなり電話でアポを取ることができないんですよ。都会のように取材慣れした人もいませんから、名刺を持って取材者の顔で近づくと警戒もされる。仕事以前に一人の人として島にお邪魔させていただくというスタンスじゃないと、本当に面白いお話が聞けないんです」

地元密着型メディアといっても、よそ者として島を訪れているのには変わらない。だからこそ、新鮮な目で島を眺めることができる。一方で、東京などの首都圏から通うのでは遠いが、とても近い場所に編集部があるので、何度も通いつめることができる。

この地元発信の利点に気づくと、メディアは単に情報を伝える媒体というだけでなく、地域課題に応えるツールに変貌することができる。

「最近わかってきたのは、どの島も外国人の観光客が増えているということ。しかも、個人客が多い。国もバラバラで、トルコ、スイス、台湾、シンガポール、インドネシア。今まで見かけなかったような国の人たちもいる。そこで、『せとうち暮らし』では実際に瀬戸内に旅行に来ている外国人をゲストに『キャラバン編集部』をやりました。これは、外国人の目で見るとその地域がどんな風に見えるか、地元の人たちへのメッセージでもあるんですね。たとえば食堂のメニューを写真にしてほしいとか、道路標識がわからないとか。今後外国人観光客の受け入れ体制をつくるうえで、瀬戸内を快適に旅してもらうポイントが見えてきました。こんな風に雑誌が地域の役に立てるってことも体現していきたいと思っています」

地域の範囲を自由に捉える

『せとうち暮らし』は、取り上げる地理的な範囲がはっきりと決まっているわけではない。自治体が発行する媒体ではないため、行政区分によらない地域全体に関心を向けることができる。こんな風に、地域の範囲を自由に捉えられるところにこそローカルメディアの批評性が存在すると思う。

「地図を見ていただければわかるとおり、瀬戸内海は〝海の道〟ですから、シルクロードや東海道と同じように、いわばオール瀬戸内で初めて真価を発揮する。広島、香川、愛媛、山口というようにバラバラで考えるのではなく、それぞれの地域に住んでいる人に、同じ一つの海でつながって暮らしていることを実感してもらいたい」

〝地元〟のイメージはそれまでの常識を超えて再編されうる。〝地域雑誌〟の先駆けとして知られる東京の『谷中・根津・千駄木』が「谷根千」という括り方を発明したように、メディアには、地図を新たに書き換える可能性さえある。

「最初は陸と島をつなぐというミッションがありましたが、これからはもっと〝瀬戸内〟という地域の全体感を伝えていきたい。瀬戸内海と言っても県単位で考えている限り、見ているのは目の前の海のことだけ。私たちはみな同じ〝瀬戸内人〟なんだと思えば、もっと別の文化的なつながり方ができると思います」

小西さんたちは、ゆくゆくはすべての島を踏破しつくし、この広い瀬戸内海の目に見えない数々の〝道〟を浮き彫りにしてくれるだろう。そして、文字通り孤立した島々と陸地の人との関係性を新たにつなぎ直す役割をより一層担っていくに違いない。

考 察

地域の人とよそ者の情熱が広がりを生む
――issue＋design、『離島経済新聞』

地元の人と読者をつなぐツールづくり――『COMMUNITY TRAVEL GUIDE』

「本と温泉」や『La Collina』『雲のうえ』のように、首都圏に在住する編集者やデザイナーと地元団体がコラボレーションを行い、ともにメディアをつくる事例が増えてきている。

地元の見るべき〝名所〟ではなく、会っておきたい〝人〟にスポットを当てた観光ガイド『〇〇人』もその一つ。たとえば、シリーズ一冊目の『海士人』で紹介される町の人たちは釣り船の船長、漁師の女将さん、民宿の家主、ナマコ起業家など。この『COMMUNITY TRAVEL GUIDE』と名づけられたシリーズ、もとは博報堂の筧裕介さんが、社内でソーシャル・デザインに携わる組織として神戸市と協働で立ち上げたissue ＋ designが制作を行っている。旅行といえば、自然や食べ物、名所めぐりを楽しむといった内容

issue ＋ design が手がける、“地元の人”に注目したガイドブック

が主流だが、『COMMUNITY TRAVEL GUIDE』は、それらの背後にいる「人」を地域の主役と捉え、実在の人物にスポットライトをあてて制作している。まさに、「会いに行けるガイドブック」だ。

第一弾の『海士人』（英治出版、八六四円）に続き、これまでに『福井人』『三陸人』『大野人』『銚子人』と、いずれも東京の issue ＋ design クリエイティブメンバーが、地元の人たちとワークショップを通してつくり上げてきた。

issue ＋ design は地元団体でないからこそ、地元との関わり方にこだわりを持っている。彼らは毎号、地元でワークショップを複数回行い、参加者の市民たちとチームをつくり上げ、取材するべき人や場所のアイデアを募る。

これは『La Collina』『雲のうえ』の制作スタイルにも近い。地元のとっておきの情報に一番精通しているのは、地元の人だ。一方、ライティングや編集、デザイン、ワークショップのファシリテーションなどのノウハウは、東京のクリエイティブチームが提供する。

地元とのワークショップで見えてくるもの

『大野人』の第一回目のワークショップでは、「魅力的な大野人と宝物を発掘する」というテーマで、さまざまなアイデアが出された。すると、そば打ちの達人、どんぐり作家、里芋掘りの救世主など、一〇〇以上の〝大野人〟がリストアップされ、「大野の伝説」「とんちゃん文化」「川遊び」などの〝宝物〟が浮かび上がってきた。

こうした〝人〟と地域の〝宝物〟を元に、取材、撮影、執筆にチームが分かれる。そして第二回、第三回と回を重ねたワークショップでこれらの成果をフィードバックし、実際の記事に落とし込んでいくという。〝宝物〟の紹介の仕方ももちろん、みんなで一緒に考える。結果として「軽トラデートスポット7」、「決定版!大野人流ＢＢＱ」、「雪かき決まり手四十八手」など、ちょっと考えただけでは思いつかない記事ができあがっていく。

外から来た人間は、地元のことをよく知らない。一方で、地元の人が気づかない良さを発見することができる。地元の人と外部の人が話し合いを重ねることで、外から見ても、地元にとっても魅力的な地域資源とストーリーを掘り起こすことができるのだ。

issue + design は二〇一五年七月に、和歌山県新宮市で新たなプロジェクトを立ち上げた。それは、「新宮市魅力発信女子部 Presents 和歌山県新宮市でかがやく人々に出会う旅」というウェブサイト。取り上げる二六人は、カフェオーナーに始まり、芸妓さん、体育教師、海女さんなどさまざま。書籍の世界からウェブの世界にフィールドを変えても、地元の〝人〟にフォーカスする『COMMUNITY TRAVEL GUIDE』らしさは健在だ。

『新宮人』がこれまでと違うのは、グッドデザイン賞を受賞し、五冊のガイドブックを発行した『COMMUNITY TRAVEL GUIDE』を含む、issue + design の活動を見た新宮市役所から直接声がかかったこと。これまではクラウドファウンディングを通して書籍の制作費をほぼ自力でまかなっていたが、今回は違う。行政が制作資金をバックアップしているのだ。

issue ＋ design が培ってきた、地元の人を巻き込み、彼らと一緒に内容を考えていくワークショップや記事制作の方法を地域行政が必要としている。つまり、『COMMUNITY TRAVEL GUIDE』が提供するノウハウは、観光客と地元の人という対立構造をつくるのではなく、行政と地元市民のあいだのコミュニケーションを促す〝ツール〟になろうとしているのだ。

島の相談役──日本全国の有人島とつながる、離島経済新聞社

東京をベースにしているが、ローカルなプレーヤーとタッグを組んでメディアを出している団体は他にもいる。全国各地の離島を取り上げることをコンセプトに立ち上げられた離島経済新聞社というNPO法人である。

当初は、東京の離島を中心に紹介するウェブマガジン『離島経済新聞』だけだったが、編集長の鯨本《いさもと》あつこさんは、二〇一一年に紙版の離島専門タブロイド紙『季刊リトケイ』（一号五四〇円）の発行を決意する。

「せっかく取材させていただいた島の人々のインタビューも、ウェブだと流れていってしまう。とっても貴重なお話なので、残したいと思ったんです。あと、島々の中には、ネットがつながりにくい場所もあ

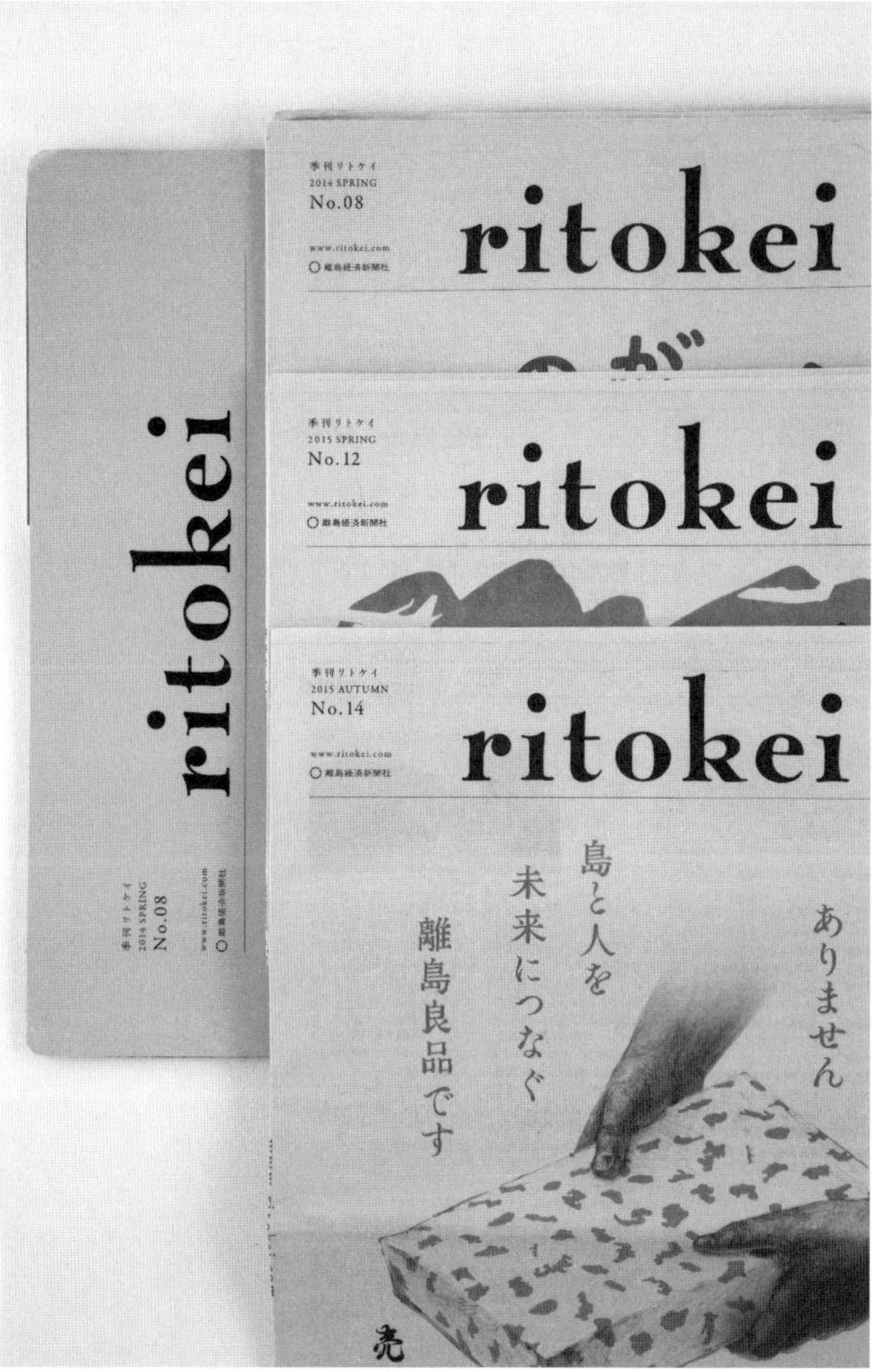

点在する無数の離島を取り上げ続ける『季刊リトケイ』

るし。小笠原諸島を訪れたときに、美しい大自然の中でわざわざネットを立ち上げたくないな、と感じて。そんな場所だからこそ、紙を広げて読める情報も必要じゃないかと思ったんです」

流通の仕方にもこだわりがあって、書店販売をそれほど重視はしていないという。むしろ、ウェブサイトにアクセスした読者に定期購読を始めてもらい、取材をした各島々にもタダで手に取れる無料設置ポイントをつくって、ウェブに明るくない地元の方にも目につくことを目指している。

「約一〇〇島、約三〇〇か所に置いていただいています。島の観光協会だとか、図書館だとか。島に遊びに行ったら、現地で『離島経済新聞』を見かけた、という人も増えてきました」

日本に無数にある離島ならでは、というか、特定の地域にコミットしすぎず、離島から離島へ転々と取材する同紙だからこその流通の工夫だろう。だが、これほど広範でアクセスの難しい諸地域をテーマにしたメディアを、いったいどのようにつくっているのだろう。取材だけでも大変だ。

「お金にも時間にも限りがあるので、全部の島をまわっていたらつくれないんです（笑）。もちろん直接伺うこともありますが、電話取材や地元のライターの人に書いてもらうことが多いです。ウェブのスタートから数えたら今年（二〇一五年）で五年続けていて、東京で行われている離島関連イベントや、行ける限りで訪れている島々で、直接つながってきた現地の人に支えられています」

島の課題のお手伝い

こうして築いてきた各地の島々とのコネクションは、無料設置ポイントをつくる際にも役に立っている。そして、そのうちウェブ版『離島経済新聞』、タブロイド紙『季刊リトケイ』だけではなく、各地のローカルを主題にした制作物を請け負うようになり、これが同社の貴重な収益源となっている。

「最初は『奄美群島時々新聞』でした。この事業が生まれたのは、地元の人に、私たちみたいに東京からやってくる人に取材をされるのではなく、自分たちで発信したい、という想いがあったからです。そこで、私たちが新聞づくりの先生役として入って、島の人たちに編集の仕方、文章の書き方、写真の撮り方を教えて、彼らが主体になってつくってもらいました。『離島経済

島の人たち自身が主体となってつくった『奄美群島時々新聞』と全国の子どもたちが地域教育プログラムで作成した『うみやまかわ新聞』。鯨本さんらが手ほどきをした

新聞』では取り上げられないローカルなネタが集まり、つくっていて面白かったです」

奄美群島は八つの有人離島から成っているのだが、それらの島々をつなぐ広域組織があり、鯨本さんが各島に出向きながら、彼らとともにオン・ザ・ジョブ・トレーニングを繰り返して同紙はできあがった。

「地元をPRしたいという気持ちがあっても、どうすればよいかわからない。そんな島の課題をお手伝いしました。離島経済新聞社でカバーしている地域は日本全国と広いので、なんでそんな大変なことをしているのか……と思われるかもしれませんが、さまざまな島の方とコミュニケーションをとるうち、島の悩みを相談していただく立場になってきました」

『奄美群島時々新聞』はおよそ四万部。載せられている情報は島の人しか知らないようなローカルな話題ばかりだが、東京で行うイベントや、航空機の機内で配布するなどして、約一年ですべての部数が撒けたという。

地元クリエイターを応援する

地域に向けて、編集やデザインのノウハウを提供する離島経済新聞社に求められているものは多い。そもそも、メディアづくりに携わったことのない人にとっては、「編集」という概念がわかりづらい。地方にはその他にも「広報」や「デザイン」のノウハウが足りないことが多い。絶対的に人口の少ない島だからこそ、第一次産業以外の職種を専門とする人材が少ない。その一部を補填したいと鯨本さんは言う。

「とはいえ、できるだけ地元のリソースを最大限活かしたいですね。島々には、もともと編集していました、とか、デザインやっていました、という人は意外と多いんです。そういった人材を見つけては、ある程度の実務を委ねるように心がけています。間違っても、自分たちが島にガサガサ入っていって勝手につくるようなことはしたくないんです」

しかし、大都市でメディアづくりに携わっていたクリエイター人材がすべて、島のクリエイティブ案件を担当できるわけではない。鯨本さんが携わる石垣島の「石垣島クリエイティブフラッグ」というプロジェクトは、島にゆかりのあるクリエイターを発掘する取り組みである。

「石垣島は有名観光地ですが、石垣市は観光業だけでない産業振興も図られていました。人口は約五万人ですが、移住者も多いので高いスキルを持った人も多い。そのため、石垣島クリエイティブフラッグでは、島にゆかりのあるクリエイターを集めて、スキルのある人が仕事を受注できるよう、彼らの仕事をPRしたり、彼らのスキルアップにつながる勉強会を開いたりしています」

大好きな島が健全に持続するための一助に

「島をテーマにメディアをつくってみたい」というひらめきをもとに突き進んだことによって、結果的に全国各地でさまざまなプロジェクトが生まれた。離島経済新聞社は他にも、全国各地の子どもたちが新聞づくりを通して地域を学ぶ教育プログラム『うみやまかわ新聞』をプロデュースしている。

「離島経済新聞社の前は、広告ディレクターの仕事をしていたんです。でも、雑誌の広告をつくっていると、雑誌が伝えようとする内容とまったく関係のない広告が掲載されることもある。そういう状態が気持ち悪いなと思っていたんです。ですから私たちのメディアでは、たとえば、突き詰めていくと島のためにならないかもしれない、消費を促すだけの広告は載せることができない。離島経済新聞社は非営利団体でもあるので、私たちが儲けるためにやっているのではなく、大好きな島が健全に持続する一助になれるようメディアをつくっているんです。その気持ちを忘れないようにしたいですね」

これまでさまざまなローカルメディアを取り上げてきたが、その多くが特定の地域に根ざしたメディアだった。その点、離島経済新聞社は違うけれど、気持ちは常に、各地の地元の人とともにある。

「全国ニュースになるような島の情報には、台風とか災害の話題が目立っていたので、いい意味で島に目立ってほしいと思いました。離島経済新聞社をやってきて島の人から『ありがとう』と言ってもらえたのは嬉しかったですね。島の営みをフィーチャーするだけで、こんなに感謝されるなんて。私たちは都市部の読者の気持ちも知っているので、単純に部数を増やしたいなら、『変な島』みたいな取り上げ方をすればいいのかもしれません。でも、島外の人に奇祭と呼ばれることであっても、島の人にとってはとても大事な行事だったりするんですよ。島の人にとって嫌な取り上げられ方もあるので、そういったことにならないよう気をつけていますね」

内と外の視点が一つにまとまるプロセス

外からの視点と内からの視点。このバランスが一番大切だ。情報は商品となって経済活動に組み込まれていくので、ささやかでもかけがえのないローカルな体験も、面白おかしく伝えなければ都会の読者に訴求していかない面もある。ローカルメディアのつくり手たちは、常にこの外からの視点と内からの視点をどう融合するか、という点で工夫し続けている。そして実際にできあがったメディアそのものよりも、異なる立場の人々が膝を突きあわせ、立ち上げから完成に至るプロセスを最後まで共有することにこそ、メディアづくりの醍醐味がある。

地域の祭りを紹介するために、「奇祭」と伝える首都圏のメディアが一方であるとしよう。しかし、その祭りが地域にとってかけがえのない行事であり、地域の人々に信仰される、不可侵な神仏が介在している場合もある。どちらの想いを重視すればいいのか、地域を宣伝したい人は悩むだろう。そうしたときこそ、「issue ＋ design」「離島経済新聞社」のようなクリエイティブ団体を「よそ者」のパートナーとして選び、ともにアイデアを出し合うといいだろう。

大事なのは、自分の〝ポジション〟を自覚すること。「地域の人が気づいていない〝宝物〟の魅力を伝えたい」と考えるなら、その想いは「地域の人」に届けられるべきだし、「地域の人なら誰でも知っている〝宝物〟を世の中に売り出したい」と考えるなら、その想いは「外の人」にこそ届けるべきだ。「地域の人」と「よそ者」のような異なる立場の人々が、異なる想いや地域への認識を抱えたまま集まることが重要だろう。このすれ違う想いが、対話を繰り返すことで一つにまとまる瞬間がある。するとローカルメディアの届けられるべき読者像が明確になり、関わるすべての人が共通のゴールに向かって突き進むことができる。その機会を生む方法が、地域の人と「よそ者」である都会の人材が一堂に座するワークショップやオン・ザ・ジョブ・トレーニングという場なのである。

Epilogue

ローカルメディアはいつも実験場だった
――『谷根千』、せんだいメディアテーク、『フリースタイルな僧侶たちのフリーマガジン』『飛騨』『TO magazine』

メディアをつくるプロセスは、関わる人々や近しい距離に住む人々のコミュニケーションを促進する。宮本常一が『忘れられた日本人』で描いた「寄り合い」は、延々と村の課題について、結論が出るまで何日もかけて徹底的に話し合う場だったが、ローカルメディアをつくるプロセスもまた、「寄り合い」に近いところがある。

元祖ローカルメディア――『谷根千』

これまで各地のローカルメディアのつくり手たちを取材してきたけれど、どうしても話を聞いてみたかった雑誌が一つ、東京にある。元祖・地域雑誌として知られている『谷中・根津・千駄木』、通称『谷根《やね》千《せん》』である。終刊して八年以上経つけれど、今でも千駄木の団子坂の近くにある事務所・谷根千工房には編集部のメンバーが集い、バックナンバーの管理や地域活動を行っている。

一九八四年に、仰木ひろみさん、森まゆみさん、山﨑範子さんという三名の主婦が始めた同誌は、二〇〇九年八月の九四号（最終号に収めきれなかったものを一〇日後に発行）をもって終刊となった。実に二五年ものあいだ、発行されてきた老舗雑誌である。始めた頃に生まれたそれぞれのお子さんも今では成人している。まさに、子どもとともに育ってきたメディアだ。

森さんと山﨑さんはもともと出版関係の仕事をしていた。また、森さんは今では多数のエッセイやノンフィクションで知られる作家だ。そんなメンバーが取り上げるテーマはこの地域の町工場やゆかりのある文人、銭湯など多岐に渡る。「私的町歩きのススメ 時計をもたずに家を出よ！」「私の最期はどんなだろう谷根千介護事情レポート」といった特集テーマに表れるように、地元に住む主婦の視点で切り取られる町歩きのレポートやテーマは、多くのファンを引きつけた。しかし、『谷根千』の視点が地元の主婦目線なのは内容だけではない。その発行、流通すべてを自分たちで行う〝手づくり〟な制作スタイルにも表れている。創刊号は一〇〇円、一二ページで始まったが、最終的には五二五円という手頃な価格に落ち着いた。ページ数も三二ページほどで手に取りやすい。

メンバーの山﨑さんは、同誌の営業担当。自転車の後ろのカゴに最新号の束を乗せて、坂のきつい東京の町を走り回ってこつこつ本屋に卸していった。

元祖ローカルメディア『谷中・根津・千駄木』

「雑誌づくりっていう感じはしなかった。二四時間この仕事に取られている感じで、営業形態としては八百屋さんとか魚屋さんと同じかもしれません」（山﨑さん）

もう一人のメンバーの仰木さんは言う。

「最初の頃はみんなアルバイトしていましたよ。給料の何パーセントは雑誌に入れろ、なんて話し合いをしていました（笑）。私たちはどこまでも自転車で行くし、とにかくお金をかけないでやっていた。子どもがいたのでカフェなどで編集会議する余裕もなかった」

仕事とプライベートが一体化していた編集部は、徹夜をする日も少なくなかった。さらに、『谷根千』は今ではめずらしく、ほぼ全号、版下を手作業でつくって入稿していたという。

「一回だけ版下をつくらないで出した号があった

手作業で版下（製版用の原稿）をつくっていた

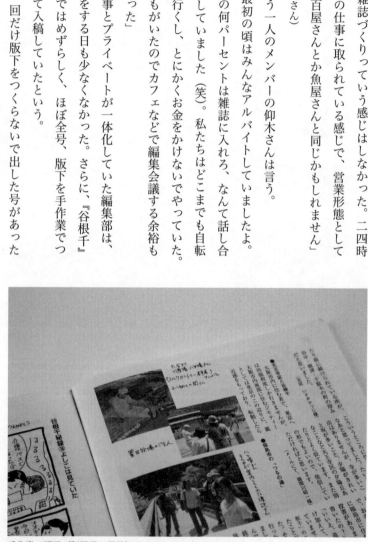

んだけど、なんかつくっている気がしなくてね。行間のゴミを消しゴムで一所懸命消したり、道具のないときはお茶碗の裏を使って弧を描いたりしていましたよ（笑）」（山﨑さん）

この手づくり感が読者に愛されてきた。入稿する直前に版下をチェックしているうちに、新たにわかったことや間違いを直し、一言つけ加えたくなってくる。こうした追記は手書きで版面の余白に書き込まれる。結果として『谷根千』は手書きで書かれた文字が紙面を満たしている。なんだか、それが暖かくて味わい深い。編集部が広告を掲載したい本を著者に頼んで自筆で紹介文を書いてもらう「自筆広告」もある。吉村昭さんや木下順二さん、池内紀さんなどの作家にお願いしていたという。

地図を変え、地域の代名詞となる

次第に『谷中・根津・千駄木』は『谷根千』と略されるようになり、この地域の代名詞にまでなった。森さんは著書『小さな雑誌で町づくり「谷根千」の冒険』（晶文社）のなかでこう語っている。

「このエリアはまったく独断による私たちの生活圏であったが、のちに、町の人が長たらしい誌名をちぢめて『谷根千』と呼びならわすようになったとき、一くくりの地域として一人歩きしだした」

一つのメディアが文京区から台東区をまたぎ隣接する地域をゆるやかにつないで、新たな地図をつくり出した瞬間である。

「ただ、書く方も書かれる方も、すごく近くに暮らしているでしょう。関係を悪くするわけにいかない

ので、お叱りを受ければ取材しなおして次号に載せたりしています。そのため『谷根千』は補遺が多いのが特徴です」（山崎さん）

「補遺の補遺の補遺みたいになったりしてね（笑）」（仰木さん）

そもそも『谷根千』の創刊号は、地元がつくりあげたお祭り「菊まつり」の第一回に販売するところから始まった。

「せっかくなので菊まつりをやろうというきっかけとなった団子坂の菊人形を調べたり、お年寄りに古い話を聞いてまとめていくうちに、若い人以上に年配の人が興味を持ってくれて。その後の『谷根千』のスタイルがそこで決まりました」（仰木さん）

とはいえ、仰木さん、森さん、山崎さんは当初、地元のお年寄りではなく、同じ世代の子どもを持つ親どうしで意見交換をするためのメディアをつくりたいという思いが強かったそうだ。実際、『谷根千』をつくりながら、一方では住民どうしで集まって「井戸端学校」という勉強会も開いていたくらいだ。歴史のある町だからこそ、住民たちによる地域活動が次第に根づいていった谷根千。こうした風土がメディアづくりに適していたのかもしれない。

山崎さんが、『谷根千』は町の魚屋さんのような営業形態だと言うように、取材する人も、読んでもらう人も、半径数百メートルの範囲に暮らしている。だからこそ真剣に彼らと向き合わなければつくれないメディアに育っていったのだろう。

現代版「寄り合い」――せんだいメディアテーク

『谷根千』を取材してみて、僕はメディアそのもののでき栄えよりも、メディアをつくるプロセスのほうが重要なのではないか、という思いを強くした。メディアはつくり手と地域の人々との関係を深める〝ツール〟になるからだ。

冒頭で紹介した『みやぎシルバーネット』の千葉さんにお話を伺った翌日、仙台市の生涯学習施設「せんだいメディアテーク」に足を運んだ。ここは、現代美術を発信するアートセンターや図書館のほか、メディアセンターや市民協働のためのスタジオを併設した文化複合施設だ。ここはまさに「寄り合いの場」で、市民とともにメディアづくりを行い、市民の情報発信の機会創出に力を入れている。

3・11の震災の日、同館は天井が崩落する大きな被害を受けた。企画・活動支援室室長の甲斐賢治さんは、メディアセンター機能を持つ、被災地の生涯学習施設として、この歴史的な出来事を被災した人々が自ら記録し、伝える機会をつくることはできないか、と考えた。そこで生まれたのが「3がつ11にちをわすれないためにセンター（通称：わすれン！）」という取り組みである。

この「わすれン！」は、具体的には市民が参加者として所属し、

3.11以降、せんだいメディアテークはさまざまな発信を行うプラットフォームとなってきた

映像や写真などさまざまなメディアを用いて記録に取り組む。参加者の活動のケアを行うとともに、その活動の成果となる映像や写真を預かり、保存し、さまざまな機会で展示、上映し、またライブラリーに並べ、誰もが閲覧できるようにする。被害を受けた街並みなど、震災の記憶を風化させないために、自主的に記録に取り組もうとする市民が参加し、変わりゆく仙台の風景を留めておこうという画期的な取り組みだ。甲斐さんはこう語る。

「メディアテークが発信者となることではなく、この事態を受けて記録に取り組む人々のメディア活動のためのプラットフォームづくりに注力しています。あくまで発信するのは市民の皆さんなので、内容に関しても一切の指示などはありません。また、ただ映像や画像の膨大なアーカイヴとなることも求めておらず、人々が自らこの出来事をいわば〝歴史化〟していく作業を支援するための取り組みなのです。ヨーロッパにも〝コミュニティ・アーカイヴ〟という考え方があり、自分たちが暮らす地域の歴史に、自らメディアを使って関わっていく文化活動と言うこともできるでしょう」

メディアテークでは、市民が一緒に考え、対話するイベントも開催している。たとえば「考えるテーブル」という、黒板でできたテーブルを囲んで市民と震災復興や地域社会、表現活動などについて語り合う場や、昔の仙台市内の街並みを写した写真を展示し、人々のコメントを残す活動などもある。

市民と議論する文化施設

メディアテークではこの他にも、『ミルフイユ』という機関誌や、『ニューせんだいノート』というフリーペーパーなど、紙媒体も発行してきた。そのうち、メディアテークが仙台市の市民団体と協働して取り組んだのが、残念ながら現在休刊している『Diary』というイベント情報カレンダーだった。このカレンダーの制作に関わったのは、メディアテークのほど近くにあるブックカフェ「火星の庭」の前野久美子さんをはじめとした「Book! Book! Sendai」という市民グループ。

「紙モノのメディアは、ウェブメディアより公共性が高いと感じています。発行したら残りますから。一方で、その公共性が仇となって、コンテンツが自主規制的にも〝丸くなる〟傾向があるように思えます。このカレンダーはいわば、私たち公共施設の方針と、市民がどのような情報を発信したいかということに折り合いをつける実験にもなっていました」（甲斐さん）

このカレンダーが特徴的なのは、お祭りやサークル活動やライブのイベント情報だけでなく、原発問題に関する集会やデモまでさまざま載せてい

仙台市内のイベント情報カレンダー『Diary』

るところ。一見すると一枚のペラの情報誌だが、このイベントの〝選び方〟を巡って、施設と市民グループのあいだで激しい議論が交わされたという。こういう、街場の人々とともに「公共性」を考える機会として、メディアが役割を果たすこともある。

メディアテークは、「Book! Book! Sendai」のメンバーと他にもさまざまなことに取り組んできたが、彼らにファシリテーションをお願いして「本づくり」のワークショップなども行ってきた。このように、メディアづくりだけではなく、拠点を活用した立体的なコミュニティ活動を支援できるのも文化施設のメリットだ。

同じく、メディアテーク学芸員の清水チナツさんはこう語る。

『オン・ザ・ジョブ・トレーニング』という観点があります。いわゆる市民の方々と行政施設のスタッフである私たちが、何か一緒にできる仕事をつくることで、また新しい関係性をつくることができるんです。彼／彼女らと関わることで、私たち施設職員では出会えない地元のクリエイターを紹介してもらうこ

ブックカフェ「火星の庭」。市民グループ「Book! Book! Sendai」の中心的存在（2点とも著者撮影）

ともあります。あと、その仕事の中で合意していく方法にもこんなにさまざまなやり方があるんだという発見もありました」

つまりメディアテークは、施設と市民が車座になって、情報発信やメディア活動の実践に取り組んでいる。そして、共通の課題を掘り起こし、面倒で答えのない現代版「寄り合い」を愚直に展開し続けているのである。

仏教というコミュニティメディア――『フリースタイルな僧侶たちのフリーマガジン』

他にも多くの魅力的なローカルメディアに出会ってきた。

関西のお坊さんたちが有志で発行している『フリースタイルな僧侶たちのフリーマガジン』というフリーペーパーは、時代の移り変わりによって檀家さんが減少しつつある現状において、若い僧侶たちが、同世代の人々に仏教との接点を持ってもらうために立ち上げた、地域というよりはむしろ仏教を通じたコミュニティメディアとでも言おうか。「お寺で宇宙学とは?」「アナログレコードとお葬式」特集のように、仏教を身近な存在に感じてもらいたい、という意図が伝わってくる。

このフリーペーパーが面白いのは、宗派に縛られず、さまざまな地域の僧侶がネットワークを組んでいる点である。表紙を飾る写真には「ドラクエ」の戦闘画面を模したサブカル調のものや、お坊さんがギターを弾いている写真などもあって、生真面目な仏教専門誌の匂いがしてこない。一方で、「ややディープな法話」「僧侶の目から見える『苦悩』の光景」特集のように、僧侶ならではの説法は読んでいてためになる。

フリーペーパーに加え、「アラサー僧侶とゆるーく話す会」などのイベントも開催している。若い人々にお坊さんと膝を突きあわせながら仏教を体感してもらうためで、媒体発行と並ぶもう一つの柱だそうだ。ホームページには「テーマは、あなたの話したいこと。仕事や恋愛、家庭のことなど、普段の生活の中でモヤモヤしていることや、とにかく誰かに聞いてほしいこと等、何でも結構です」とある。定員は一〇名ほどで、普段バリバリ働いているＯＬなどが訪れるそう。法要で住職のありがたい話を聞くよりも、よっぽど気軽に参加できそうだ。同誌の現在の代表で、浄土真宗本願寺派僧侶の若林唯人さんは言う。

「とはいえ、若手僧侶は皆さんお寺のお仕事が忙しくて、手のあいた時間にやるしかないんです。代表を引き継いだ僕も、自分のお寺の仕事の合間を縫ってこの媒体をつくるのは大変です（笑）」

それでも、四〇号近く続けられてきた。二〇一一年には部数も一万部を超え、関西だけでなく、東京や

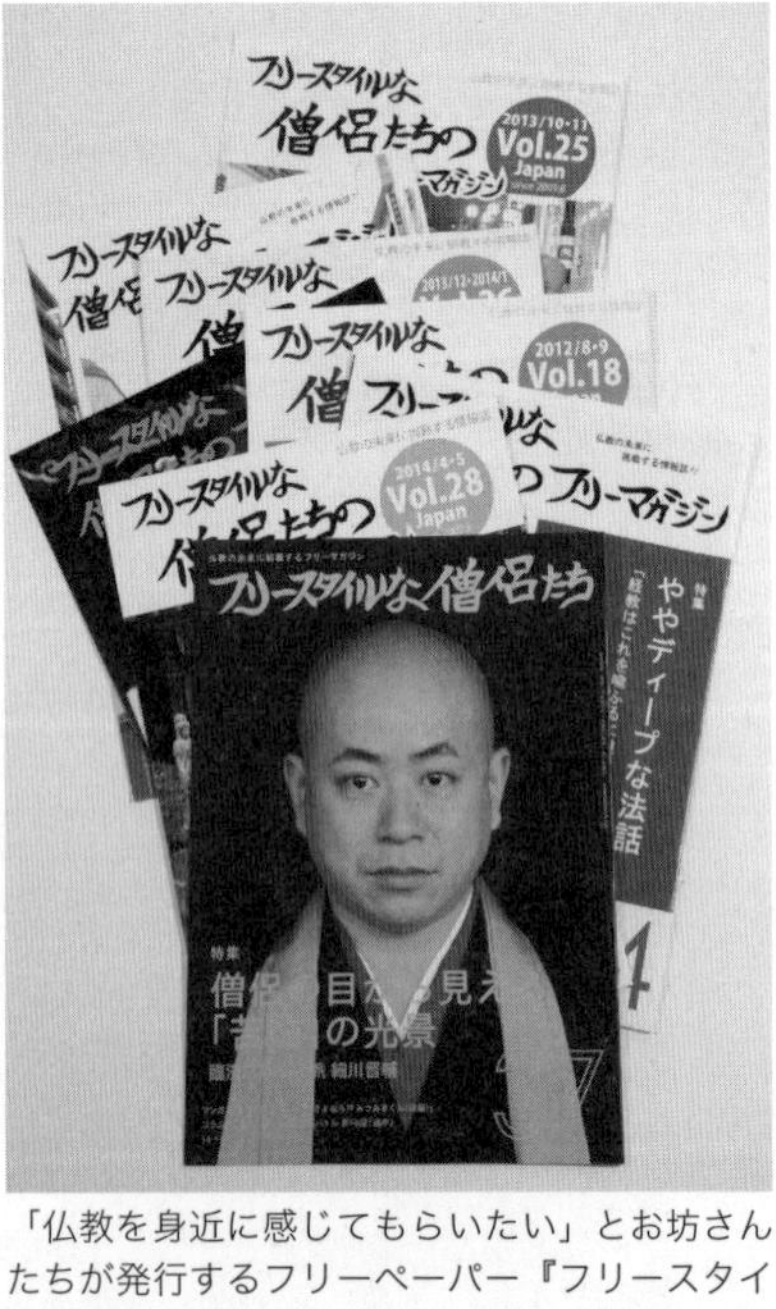

「仏教を身近に感じてもらいたい」とお坊さんたちが発行するフリーペーパー『フリースタイルな僧侶たちのフリーマガジン』

東北まで配布先が開拓されている。新しい世代のお坊さんの台頭は、日本に古くから根づく仏教文化を親しみやすく、そして身近なものに変えてくれるだろう。

PR誌じゃつまらない——『飛騨』

企業が発行するフリーペーパーにもユニークなものがある。家具メーカーの飛騨産業が発行する『飛騨』というフリーペーパーがそうだ。木材を扱う家具メーカーならではの、温かみのあるわら半紙のような紙を使った年三回発行の小さな冊子。全国にあるショールームで配布されるほか、封筒に入れて顧客に郵送で届けられている。本誌は袋とじになっていて、別売りのペーパーナイフで切って読むことが推奨されている。このペーパーナイフは飛騨産業の製品で、使い心地がよく、デザインもいい。ちなみ

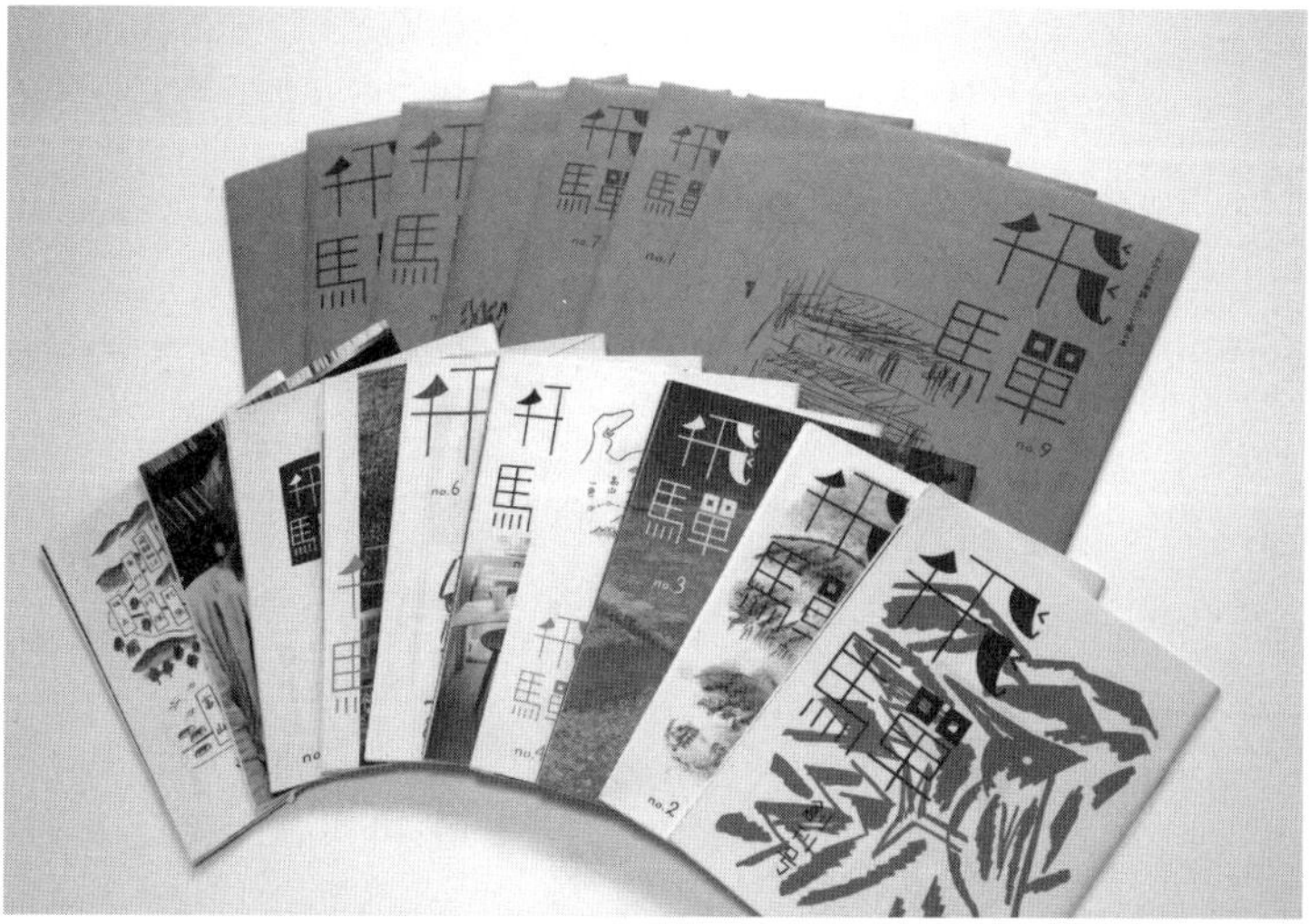

家具メーカー・飛騨産業が発行する『飛騨』。地元・岐阜にまつわる読み物がメインだ

に、題字は『雲のうえ』の編集委員でもある牧野伊三夫さんが描いている。作家によるエッセイや小説が毎号掲載され、返信用はがきがついていたり、読者の声が巻末に掲載されているところなどは、『雲のうえ』のスタイルに近い。

特集内容も、ローカル鉄道を乗り継いで紹介する「電車に乗って」や、作家が地元について書いたエッセイなど、企業のPR紙というより、読み物をメインにしたものが続いている。飛騨高山にゆかりのある東京の離島に取材した号は、まるで映画の一幕のようなシナリオと写真が掲載され、非常につくり込まれた内容だった。ここもまた、社長が「単なるPR紙じゃつまらない」と言って始めたそうだ。

こうした試みは、飛騨産業の商品の売り上げには直接関わることはないだろうが、同社のブランディングには一役買っている。実際、家具のことではなく、この『飛騨』という企業広報誌について話を聞かせてほしいという取材が増えているのだという。

『飛騨』を読むために使うペーパーナイフ

東京人による東京人のための?!——『TO magazine』

東京二三区を対象とし、毎号一つの区を特集する〝ハイパーローカルマガジン〟『TO magazine』は、東京にありながら、いわゆるコンビニに並んでいるようなカルチャー誌と一線を画すような、ローカルに踏み込んだ記事を提供してくれる。発行元・東京ピストルの代表取締役社長で編集者の草彅洋平さんはこう語る。

「僕は東京生まれ東京育ちなんですが、僕が好きな東京って、スカイツリーや六本木ヒルズのような場所とは違う。観光客向けにつくられた〝東京〟のイメージを解体するような媒体だったら、つくる意味があるんじゃないかと。だからこそ、あえて東京のローカルを掘ることが面白いんじゃないかと思ったんです。それなら、二三区ごとに毎回区切って出していこうと」

草彅さんが言うように、同じく東京生まれ東京育ちの僕自身も、真新しくそびえたつスカイツリーや六本木、お台場のピカピカ、広々した場所は居心地が悪い。働くか、買い物するために来てくださいと強制されている気がして、そこに暮らす人々の生活の匂いがしてこないからだ。むしろ新宿のゴールデン街や上野、赤羽の飲み屋街みたいに、狭くて小さくて古く、地元の人の息遣いを感じられる〝東京〟のほうが居心地がいい。

東京のみならず、大都市は高度経済成長期以

東京23区ごとの魅力を掘り下げる『TO magazine』

降、郊外を住宅地として開発し続けてきた。その結果、のっぺりとした団地が多数立ち並び、大型ショッピングセンターに買い物客が集まり、昔ながらの商店や地域のつながりが急速に失われていった。そして、東京の中心部も渋谷や池袋、新宿など多くの人が集まる町と、住宅街の二極化が進んでいった。職住が一体化していた昭和の街並みが消えていき、東京の内部に虫食いのように〝郊外〟が生まれていく。東京に住む人間にとって、こうした様はまるでここに根づくことを拒まれているかのように映る。「中野ブロードウェイ　地上十階、地下三階の物語は終わらない」（中野区特集）、「『ムサコ』と『トゴギン』にぎわう品川区の二大商店街は何がスゴいのか？」（品川区特集）など、『TO magazine』が取り上げてきた場所は、ディープな歴史の残る、失われつつある〝東京〟なのだ。

“自分たちが面白いと思う東京”を伝えてきた

関東大震災の当時、反骨のジャーナリスト・宮武外骨は、取引業者が罹災して活版印刷の活字が不足していたのにもかかわらず、自らが発行する他の印刷物で使用した余った用紙を使ってまで「震災画報」を出した。震災のわずか三週間後である。そして、その数十年後に、作家の赤瀬川原平が、中央線沿線の古本屋で、外骨が明治〜大正時代に発行していた雑誌『ハート』や『スコブル』と出会って度肝を抜かれる。

僕は中学と高校が吉祥寺にあり、住まいが中野にあったので、通学の合間に途中下車をして、吉祥寺や荻窪のレコード屋、高円寺の古着屋、中野の古本屋や雑貨屋に毎日のように通っていた。〝中央線文化〟にどっぷりつかって、間違って出版や編集の仕事に就いてしまったような人間である。

だからこそ、今の中央線の駅周辺の変貌ぶりには寂しい気持ちにさせられる。デパートとデパートのあいだでひっそり営業していたラーメン屋も、僕が通っていたようなレコード屋も、古本屋も姿を消してしまった。ハモニカ横丁や下北沢の再開発問題も、ここ十年ほどの話である。東京でさえ、あるいは東京でこそ、〝グローバル経済〟の名の下に、町に根づく文化の芽は摘まれている。関東大震災によってすべてが失われたときにこそ、〝今〟を残そうと思った外骨のように、文化が壊れゆく都市においてこそ、失われつつある庶民の生活を残す〝都市のメディア〟の価値が見直されるべきだろう。

『TO magazine』はまた、東京のメインのカルチャー誌のオルタナティブを狙っている。当初はいくつかの出版社を発行元に続けていたが、クライアントをつけるのではなく、自分たちが面白いと思ったものをそのまま出したいという想いが強くなり、途中から発行・流通まで自分たちで行うことにした。現在は、雑誌では取り上げられない旬な情報を適宜配信する『TO web』というウェブマガジンを運営している。

寄り合いと回覧板

3・11の震災の折、東京・巣鴨にある自宅マンションに回覧板が回ってきた。老朽化甚だしいマンションで、高齢者の入居者も多い。回覧板には「地震怖かったね、こんなときだからこそお隣さんとは普段から仲良くしましょうね」というような内容が書かれていた。まるで、現代のツイッターのようだと思った。震災のときの東京は、電話がつながらないなか、SNS上で安否確認がなされており、新しいメディアの登場に期待が高まっていたが、こんな原始的なコミュニケーション・ツールに、ツイッターが備えているコミュニケーションの核心があったのだと、iPhoneを片手に僕は愕然としたのを覚えている。メッセージがメディアになる前の、共感を求めるためのツール。回覧板はもしかしたら、ローカルメディアの原型のようなものなのかもしれない。

『谷根千』の森さんは、著書でこう語っている。

「送り手と受け手に互換性があり、情報が双方向に行き来すること。私たちの雑誌は、まさにそのためのメディア（乗り物）であればよい。ふつうの町の人が次々登場して、自分の意見や人生、知ってることを語ればいい。そんなふつうの人の生き死にを記録するお手伝い、産婆役に徹したい」（前掲書）

ローカルメディアは発信者が受け手にメッセージを届ける、一方通行のものではない。それは相互に語り合う「寄り合い」のメディア（乗り物）だ。ある意味、路上で将棋を指している高齢者の方々の井戸端会議や、ビルの清掃員の詰所でお茶を飲んでいるパートの方々のとりとめのない会話がかたちになったようなものなのだ。ローカルメディアは、回覧板のように原始的な方法で、地域の人々のつながりを変える力を持っている。

あらゆる地域に人の集まる場を

本書で取り上げたローカルメディアは、取材・執筆、発行形態、マネタイズ、流通、読者とのコミュニケーションの仕方、というさまざまな側面で、新しいメディアの形を模索し続けている。そして、ある瞬間、彼らの中でブレイクスルーが起きて、単に地元の情報を発信する媒体という役割だけではなく、読者をも巻き込み〝町を編集する場《プラットフォーム》〟としての役割を担うようになっていく。

地域には、まだまだメディアづくりの可能性が満ち溢れている。〝地方を消費する〟全国誌では語られていない魅力が、いたるところに眠っているからだ。

人がわいわいがやがや集まっているお祭りや商業施設には、自然と足が向かう。「こんなイベントがありますよ」「こんなビルが建ちますよ」と煽られれば人はその場所に行きたいと思ってしまうものだ。昔の話だが、新宿のとある百貨店の屋上で開かれていたヒーローショーや、もうなくなってしまったが中野駅前のデパートの屋上遊園地に、祖母に連れられてよく遊びに行った。今ではデパートの屋上は、どこも閑散としているが、三〇年ほど前まではまだ賑わっていた。また、近所のお寺で毎年開催されていた盆踊りも忘れられない。このように、小さくても人が集まる場がどんどん失われていくことに危機感を持ち、その土地の文化を見つめ続けていきたい。そんなときこそ、ローカルメディアの出番なのかもしれない。

そうして、豊かな文化が育まれる〝人の集まる場〟が、全国にどんどん増えていったらいいと思う。都市から地方への一方向だけではなく、地域内にとどまり共有されるもの、地域と地域を行き来するもの、地域から都市へ伝わるもの、さまざまな情報の流れが、人の流れを変えていく。

もし、慌ただしい都会ではなく、地方で暮らしたいと考えているならば、パン屋さんやカフェを始めるのと同じように、メディアをつくることを試してみたらどうか。

もし、地域に潜在する宝物をうまく言葉にすることができないなら、外部の専門家にメディアづくりをサポートしてもらうのもいいだろう。地域の魅力発信に悩む人たちには、すでにそこにあるケーブルテレビ、ローカルラジオ、ローカル新聞の人たちと組んで、世界と地域を結び、人と情報の新たな経路をつくる冒険を繰り広げてほしい。そして、臆せず自ら新しい雑誌、フリーペーパーを生み出してほしい。そこに、誰も見たことのない、新しい地域の文化が育まれることと思うから。

あとがき

本書を執筆するため、僕は約一年かけてリサーチと取材で全国のメディアのつくり手たちに会いに行ってきた。その過程で、これまで繰り返し述べてきたとおり、できあがったものそのものよりも、その制作の過程にこそローカルメディアの魅力が詰まっている、ということに気づいた。

現在、各地で生まれつつあるローカルメディアは、内外の人にメッセージを伝える目的ではなく、地域の人と人がつながるための手段になった瞬間に、その本領を発揮していた。いわゆる観光パンフレットや企業広報誌と、本書が言うところのローカルメディアの違いはそこにある。

極端な言い方をすれば、メディアに取り上げられた情報が、都市に住む人々にどれだけアピールするか、なんてことは考えなくていいと思う。あくまで、地元の人々のあいだで交換される、些細な日常やローカルなニュースで構わない。大事なのは、自分たちが住むこの土地が、広漠としたものではなく、豊かで楽しみに満ちたフィールドだと自覚するための媒介物《メディア》になっているか、ということ。大都市で起こるようなドラマチックな事件はないかもしれない。でも、それでいい。それこそが面白いのだ。地域を本当に豊かにするのは、都市の文化を輸入したりそれに追従することではなく、その地域ならではの物語を、その地域に住む人たちで活発に交換しあうことにあるのだから。

地域発信のメディアを紹介する本をつくってみたい、という話を出版社に持ちかけたのは二年ほど前だろうか。その時はまだ取材・リサーチに取り掛かることもなく、ただ一枚のＡ４の企画書があるだけだった。

実際にどんな話が聞けるかわからないし、紙のローカルメディアがインターネットに押しやられ衰退することなく、今後も増え続けるという確証もなかった。そんな不確かなアイデアを拾い上げ、取材や執筆のプロセスに長い期間寄り添っていただいた学芸出版社の井口夏実さん、神谷彬大さんに感謝の気持ちを伝えたい。

この二年のあいだでも地域発信のフリーペーパーや雑誌、個人出版社が増えてきたように思う。それは東京のメディアが相対的に窮屈な状況に置かれているからかもしれないが、一方で、本を愛する、志のある個人書店が各地に増えたことも大きい。業界の隅っこで編集業を生業とする僕らのような人間、あるいはローカルメディアのつくり手たちは、こうした人々の存在に支えられているからだ。

それから、本書の装丁を手がけてくださったUMA / design farmの原田祐馬さん、僕があくせく集め続けてきたローカルメディアをまとめて撮影してくださり、福岡まで取材に同行してくれた喜多村みかさん、膨大な取材音声の文字起こしを手伝ってくれた加藤千香士くんに御礼を申し上げたい。

古くはラスコーの洞窟壁画や二条河原落書のような匿名の人による発信にまで遡る、と言ったら言い過ぎだろうか。とにもかくにも、誰もが知っている、しゃぶりきったスルメのように味のしない観光地をことさらに取り上げるよりも、匿名の人々のユーモアある語り合いこそが、急速に失われつつある地域の人々のつながりを育んでいるように思う。ローカルメディアは、ささやかだけれどあたたかい、現代版〝寄り合い〟の場《プラットフォーム》なのである。

二〇一六年五月　影山裕樹

著者
影山裕樹（かげやま ゆうき）
編集者、プロジェクト・エディター
1982 年、東京生まれ。早稲田大学第二文学部卒業後、雑誌『STUDIO VOICE』編集部を経てフィルムアート社に入社。『ヨーゼフ・ボイス よみがえる革命』『じぶんを切りひらくアート』『横井軍平ゲーム館 RETURNS』『野外フェスのつくり方』などの美術書、カルチャー書を多数手がけた後に独立。2010 年に「OFFICE YUKI KAGEYAMA」を立ち上げ、書籍の企画・編集、ウェブサイトや広報誌の編集、展覧会やイベントの企画・ディレクションなど幅広く活動している。プロデュース・編集した書籍に『地域を変えるソフトパワー』『秘密基地の作り方』など。近年は「フェスティバル／トーキョー」（2012、13）「十和田奥入瀬芸術祭」「札幌国際芸術祭2014」など各地の芸術祭やアートプロジェクトに編集者、ディレクターとして携わる。著書に『大人が作る秘密基地』、共編著に『決定版・ゲームの神様 横井軍平のことば』『十和田、奥入瀬 水と土地をめぐる旅』など。「NPO 法人芸術公社」設立メンバー／ディレクター。
OFFICE YUKI KAGEYAMA：http://www.yukikageyama.com/

カバー及び本文写真：喜多村みか

ローカルメディアのつくりかた
人と地域をつなぐ編集・デザイン・流通

2016 年 6 月 1 日　初版第 1 刷発行
2019 年 6 月 20 日　初版第 4 刷発行

著　者…………影山裕樹
発行者…………前田裕資
発行所…………株式会社 学芸出版社
京都市下京区木津屋橋通西洞院東入
電話 075－343－0811　〒 600－8216
装　丁…………UMA/design farm
印　刷…………イチダ写真製版
製　本…………新生製本

ISBN 978-4-7615-1362-7